W0211590

LA POESIE COMIQUE

des origines à nos jours

Collection ESPACES

Jean BRETON Claude Michel CLUNY
Jean ORIZET

LA POESIE COMIQUE

des origines à nos jours

anthologie

le cherche midi éditeur
68, rue du Cherche-Midi — 75006 Paris

© Poésie 1/Editions Saint-Germain-des-Prés
Le Cherche-Midi éditeur
pour les préfaces et le choix.

Les responsables de ces numéros spéciaux de *Poésie 1* ont publié de nombreux ouvrages :

Jean BRETON

CRITIQUE

Poésie pour vivre, en collaboration avec Serge BRINDEAU, suivi de *Surréalisme et Hermétisme* et d'un *Dictionnaire des poètes,* préface de Georges MOUNIN (Le Cherche-Midi éditeur)
Huit grandes voix de la poésie d'expression française (*Poésie I,* n° 76/78)
Les Poètes de l'Emotion (Editions de la Pibole)
Les Poètes de Poésie pour vivre, jam-session (*Poésie I,* n° 91/94)
Le Coffre à poèmes, 6-12 ans (éd. Saint-Germain-des-Prés)
Chroniques sur le vif, 1952-1980 (éd. Saint-Germain-des-Prés)
Nouvel Eveil poétique, en collaboration avec Alain BRETON, 2-5 ans (éditions Scolavox)
Nouvelle Poésie contemporaine, « une anthologie » (Le Cherche-Midi éditeur, 1985)

POÉSIE

Chair et soleil (La Table Ronde ; réédition Saint-Germain-des-Prés)
L'Eté des corps (Guy Chambelland)
Vacarme au secret (Saint-Germain-des-Prés)
L'Equilibre en flammes (Saint-Germain-des-Prés)
Chair et soleil, suivi de *L'Eté des corps,* édition définitive, avec deux préfaces inédites (Le Cherche-Midi éditeur, 1985)

Claude Michel CLUNY

PROSE

La Balle au bond, roman (Denoël, 1961)
Un jeune homme de Venise, roman (Denoël, 1966 ; Folio, 1983)
La Rage de lire, essais (Denoël, 1978)
Dictionnaire des nouveaux cinémas arabes (Sindbad, 1978)
L'Eté jaune, roman (Balland, 1981)

Le Caire, coll « Des villes » (éd. du Champ Vallon, 1985)
Le Livre des quatre corbeaux (La Différence, 1985)

POÉSIE

Désordres (Gallimard, 1964)
La Mort sur l'épaule (Rencontre/L'Aire, Lausanne, 1971)
Inconnu passager (Gallimard, 1978)
Hérodote éros (Fata Morgana, 1984)
Asymétries (La Différence, 1985)

Jean ORIZET

POÉSIE

En soi le chaos, Saint-Germain-des-Prés, 1975, reprenant l'essentiel des recueils parus depuis 1962. Prix Max Jacob 1976.
Niveaux de survie, Belfond, 1978.
Poèmes cueillis dans la prairie, Saint-Germain-des-Prés, 1978.
Le Voyageur absent, Grasset, 1982. Prix Apollinaire 1982.
Dits d'un monde en miettes, Saint-Germain-des-Prés, 1982.
De sève, de pierre et de vent, Editions Simoncini, Luxembourg, 1983.

ANTHOLOGIES

Douze poètes sans impatience, Luneau-Ascot, 1979.
Cent poètes pour jeunes d'aujourd'hui, Le Cherche-Midi, 1980.
L'Humour des poètes, Le Cherche-Midi, 1981.
Les plus beaux poèmes pour les enfants, Le Cherche-Midi, 1982.
Les cents plus beaux textes sur le vin, Le Cherche-Midi, 1984.
L'Almanach des poètes, en collaboration avec Marcel Jullian. *Poésie I* / Vagabondages, 1984.

CRITIQUE D'ART

Schneider, collection « L'Autre musée », Editions de la Différence, 1984.

PROSE

Histoire de l'entretemps, La Table Ronde, 1985.

POESIE 1

LIVRE I

LA POÉSIE FRANÇAISE D'HUMOUR

par

CLAUDE MICHEL CLUNY

Ce livre I est un « tiré à part » du numéro spécial de la revue POESIE 1 : « La poésie française d'humour ».

L'HUMOUR LA POESIE

Bien que nos renseignements soient faux,
nous ne les garantissons pas.

Erik SATIE.

L'humour ne se définit pas. Ce n'est pas une institution, mais une manière de voir et de donner à voir dont il serait abusif de réserver la science aux Anglo-Saxons. C'est aussi une très ancienne manière de déshabiller les apparences et les idées reçues, mais il aura sans doute fallu attendre le siècle dernier pour qu'on accorde à l'humour une place à part entière dans les manifestations de l'esprit... Rabelais et Clément Marot étaient des hommes d'humour, mais assez drôlement, ce qui a laissé longtemps supposer que cette qualité rare était l'apanage d'autres peuples, c'est la réputation d'esprit *des Français. Et ce qu'il est nécessaire de définir ici, c'est une différence : l'humour n'est pas ce don piquant de faire des mots sur tout et sur n'importe quoi dont on nous croit capables à peu près unanimement. Il y a dans l'humour moins de légèreté que de profondeur, moins de jeu que de remise en cause. Ce qui caractérise la poésie d'humour le plus souvent, c'est son pouvoir d'attaque et la force de ses refus. Non pas uniquement violent et noir ; de Rabelais à Jarry, de Cros à Lautréamont, il y a différents degrés dans le rire et la révolte, dans la parodie et dans la dénonciation, dans le sourire et la satire, mais c'est un courant de même nature qui traverse la poésie française depuis toujours.*

L'humour fut l'arme de la satire et de la contestation, qu'il s'agisse de mettre en question la société, les idées ou le langage. D'où l'invention constante, le renouvellement des formes, les acrobaties de style, l'utilisation des ressources les plus étonnantes de la syntaxe, la création des mots et leur transformation, l'usage de l'argot... La poésie d'humour est infiniment riche de découvertes : elle triture, fait éclater, décape et ne rassure jamais. Elle rend au langage son pouvoir de création en refusant de l'assujettir à rien de définitif, de sacré, d'immuable. Elle se prend aussi pour cible, se pastiche. Quand d'obscurs hommes de plume imaginèrent Adoré Flou-

pette, ils ne pensaient certes pas voler au secours des symbolistes qu'ils moquaient, ni que ce qui sauverait les poèmes de Floupette de l'oubli serait leur ironie inventive... Si j'ai cru devoir faire une part au pastiche dans cette anthologie, c'est en vertu justement du coup d'œil neuf qu'il nous propose ; et puis, il n'est pas de bon pastiche sans humour.

Les fatrasies *sont-elles la première manifestation de la poésie d'humour ? Ce jeu poétique du Moyen Age consistait à prendre pour prétexte un ou deux vers chargés d'évidence, de banalité ou exprimant quelque rengaine à la mode, et de les faire suivre d'un texte cocasse, décousu, où le non-sens était roi*[1]*. On retrouvera cela un peu différemment chez Marot et avec d'autres intentions chez les surréalistes ou les poètes qui restent marqués par ce mouvement. Mais surtout l'invention nécessaire et les tours de force imposés au langage, l'ironie, l'allusion, font de la poésie d'humour une poésie baroque par excellence. Dans la langue populaire, ne dit-on pas de quelque chose qui surprend ou étonne par son aspect, par sa bizarrerie, par son absence de conformisme : « c'est baroque... » Baroques Audiberti ou Queneau, comme l'étaient Corbière ou Saint-Amant... Ainsi des thèmes, dont quelques-uns (quelles que soient les limites obligées de ce petit livre) vont dessiner sous les yeux du lecteur de bizarres filiations, parfois savoureuses — je songe ici, aux anthropophages gourmands.*

Ainsi Fourest (absent de ce livre) :

> Makoko reste aveugle à tout ce qui l'entoure :
> avec conviction ce potentat savoure
> un bras de son grand-père et le juge trop cuit.

Ainsi des lieux, telle, étrangement, Venise.

On pourrait beaucoup citer. Parfois abusivement. Le mur murant Paris/rend Paris murmurant *(Hugo) ne dépasse pas le jeu de mots ; je vois plus d'humour dans Morand :* Le pavé était glissant/le soir tomba. *(Un souvenir que je ne parviens pas à retrouver dans son œuvre...) Ou dans ce jeu célèbre et brillant de Arp :*

> la puce porte son pied droit
> derrière son oreille gauche
> et sa main gauche

---

1. Du moins le croyait-on. De savantes études laissent aujourd'hui à penser que ces jeux étaient très concertés.

dans sa main droite
et saute sur son pied gauche
par-dessus son oreille droite

Mais enfin cette anthologie est un choix de poèmes. Or, l'humour ne confère pas automatiquement à un texte un pouvoir poétique, et réunir humour et poésie était la condition première de ce choix. Des œuvres entières sont d'autre part fondées sur l'humour même (Max Jacob, Queneau...) ; j'ai préféré donner plus de place à des noms moins connus, dont les poèmes ne se trouvent pas aisément, ou à des auteurs chez qui on ne soupçonne pas toujours cette veine parce qu'elle leur est moins essentielle. C'est un parti pris : le lecteur trouvera dans ces pages à la fois des poèmes célèbres (Le Hareng saur) *et des poètes déjà trop oubliés* (André Frédérique), *comme il y découvrira peut-être des noms nouveaux. Comme il regrettera des absences que je regrette aussi. J'ai choisi le classement alphabétique, parce que, puisqu'il fallait un classement* — De deux choses l'une / et l'autre le soleil, *écrivait Prévert —, celui-ci est le plus naturellement absurde. Il a pourtant provoqué de surprenantes rencontres : passer de Morand à Musset, de Musset à Obaldia, de Frédérique à Pierre Gringoire démontre une magnifique continuité dans le renouvellement...*

Claude Michel CLUNY

N. B. Quant à Georges Fourest, dont la Négresse blonde *et le* Géranium ovipare *sont restés dans les mémoires — et qui fut un très curieux écrivain dans un temps qui en comptait beaucoup — le droit de reproduire deux de ses poèmes a été refusé par l'éditeur au nom des héritiers... quand un auteur meurt, ce n'est pas toujours lui qu'il faudrait enterrer.*

PIERRE ALBERT-BIROT
(1876-1967)

Sonnet pour Hélène
Baronne d'Œttingen, en littérature Roch Grey

Un sonnet ! Trois sonnets ! Trois sonnets pour demain !
Un sonnet ! Moi, marcher sur des pieds mécaniques,
Et donner un sourire à nos vieilles techniques !
Soit. Et voici déjà votre premier quatrain.

Le deuxième voltige à l'entour de ma main.
Hélène voulez-vous des lignes helléniques,
Ou françaises peut-être, ou mieux œcuméniques,
En quatre vers légaux peut trôner tout l'humain.

Hélène de Ronsard ! Chaude Hélène de Sparte !
Vous qui fûtes, beautés, ou qui ne fûtes pas,
N'est plus en l'Univers la trace de vos pas.

Mais en notre âge, avant que ce tercet ne parte,
Je veux qu'il soit touché par les doigts des Péris,
Vos très persanes sœurs, Hélène de Paris.

(*Les Amusements naturels,* Ed. Denoël, 1945)

Depuis le jour d'Adam mille savoirs bout à bout
Avons mis sur l'enclume et je te frappe et te forge
Aristote et Newton et l'Allah du marabout
Feu de la vérité qu'importe que l'on s'égorge
Il faut il faut forger dès avant le maître lait
Bien avez bu cet ordre alors que vague framboise
Etiez au moule à chair en votre âge le plus laid
Toi typo Gutenberg ou toi cardinal d'Amboise
Celui qui sur la roue ajouta simple alluchon
Fit œuvre comme tel qui bâtit Théodicée
Et que soit sous casquette ou sous morne capuchon

La tête est toujours là tant coureuse d'Odyssée
De là-bas jusqu'ici tout ce qui sur monde a vécu
Est son pain Shakespeare et Jésus Darwin et Bérose
Et qui n'a pas de nom tous bronze de notre écu
Voilà pourquoi l'aurore est d'amour aux doigts de rose

(*Les Amusements naturels,* Ed. Denoël, 1945)

GUILLAUME APOLLINAIRE
(1880-1918)

Schinderhannes

A Marius-Ary Leblond.

Dans la forêt avec sa bande
Schinderhannes s'est désarmé
Le brigand près de sa brigande
Hennit d'amour au joli mai

Benzel accroupi lit la Bible
Sans voir que son chapeau pointu
A plume d'aigle sert de cible
A Jacob Born le mal foutu

Juliette Blaesius qui rote
Fait semblant d'avoir le hoquet
Hannes pousse une fausse note
Quand Schulz vient portant un baquet

Et s'écrie en versant des larmes
Baquet plein de vin parfumé
Viennent aujourd'hui les gendarmes
Nous aurons bu le vin de mai

Allons Julia la mam'zelle
Bois avec nous ce clair bouillon
D'herbes et de vin de Moselle
Prosit Bandit en cotillon

Cette brigande est bientôt soûle
Et veut Hannes qui n'en veut pas
Pas d'amour maintenant ma poule
Sers-nous un bon petit repas

Il faut ce soir que j'assassine
Ce riche juif au bord du Rhin
Au clair des torches de résine
La fleur de mai c'est le florin

On mange alors toute la bande
Pète et rit pendant le dîner
Puis s'attendrit à l'allemande
Avant d'aller assassiner

(*Alcools,* Gallimard éditeur, 1920)

JACQUES AUDIBERTI
(1899-1965)

Deltas

Le sorcier Papacan, papapapa pa pa pa can,
est assis dans ses genoux devant la flamme du camp.
Il pense à son peuple qui ne voit ni par où ni quand.

Mais lui, sorcier Papacan, peau de noix, tête de foire,
il sait qu'a besoin la chair de la chair, même la noire.
Or le clan n'attend la chair que pour la brouter, la boire.

Foutu monde, les Gros Pieds, longs, longs cheveux, longues dents
ça ne sait pas que, la chair, on peut se loger dedans
pour se perdre et se trouver par les échanges dardants.

Eux, d'un corps de hibou mort dans la clairière bizarre,
dans l'épaisseur d'un sanglot de la vivante guitare
sortirent avec leur tit, leur tit bout bout de cigare.

Leur cœur était un crapaud, la solitude leur part,
leurs jambes la nudité, leur sang l'art du cauchemar,
leurs mains des vaches de deuil, leurs pieds, chaque, un vieux panard.

Au nom du lièvre qu'a peur, au nom de la pauvre caille,
sorcier les avait fait naître avec du choix qui se caille.
A présent, dans son homfort, devant la luisante écaille,

il pensait, papapacan ! qu'au fleuve convient la mer,
que le bec du ventre noir doit à quoi savoir il sert
et que les Astres, les Vents réprouvèrent le désert.

Le sorcier, papapacan ! fit, du poisson qu'il regarde,
une femme, de nouveau, femme, laiteuse lézarde,
— toi, ma mie, eh oui ! toi nue, et ta grâce qui te farde.

La femme, blanche roseur, danse devant les pauv gas,
danse avec ses tifs d'amour qui font des rites, des pas.
... Venise sont tes cheveux, Venise loin de là-bas...

Ses cheveux dansent d'abord, que suit le corps de la femme.
Comme des cheveux le corps, blond laitage de la flamme,
à son tour dansa, total qu'accomplit ce qui l'entame.

Les gniarres, pa pa pacan ! tremblent comme des soldats.
Ils s'accrochent l'un à l'autre. Ils se grafignent les bras.
Brasier, glaçon et serpent dans la grosseur branlent bas.

Prismatique pâleur d'or s'avance l'énigme rose,
étoile au ciel de l'enfer qui défend qu'on se repose,
cime en neige de la terre et de la métamorphose.

Hurlent les Gros, Gros, Pieds, Pieds, comme si Paracoucou
le squale long de trois arcs marchait sur eux dans du mou,
dans son maillot de cristal brillant, terrible et debout.

De la fronde sort la pierre à quoi la vitre réponde.
Le désir, os du tapin, pousse au milieu de ce monde.
Le sorcier chauffe le bal avec sa bouche qui gronde.

Mais Papapa, Papacan, tout en rythmant le transport,
pour son peuple de galeux juge trop frêle, trop fort,
le cher jasmin de Passy qui traîne en tes boucles d'or.

A deux pas de la forêt calde, étouffante, insondée,
il mêle au tam-tam du sang la substance de l'idée.
Il ensalive en-dedans la forme ainsi déglandée.

Par la caille et par le lièvre, au plein vide du tout,
il change sombre partout celle en qui je fus le fou.
Jasmin mondain, tu finis. Bonsoir, blond Piracoucou...
Belle, mais morts les parfums que le songe me retrace,
or, la femme, avec, tant bien, les gros pieds de cette race
s'appelle, poule en zigzags, Ramataï, crâne de crasse.

Ramataï ne rien savoir sinon du chaud là-dedans,
du chaud, de l'âpre, du doux, des tonnerres débordants.
Le sorcier, pa pa pa can ! sourit derrière ses dents.

Dans les Gros Pieds, pa pa can ! gonfle la gousse de vivre.
Ils attrapent Ramataï, noire peau, méplats de cuivre.
Et ce fut peut-être ainsi que commença le livre.

(*Vive Guitare,* Robert Laffont, 1946)

JACQUES BENS
(né en 1931)

Le Juif errant

Trouverai-je, dans ce monde qui grouille,
Un toit pour mettre ma tête à l'abri ?
Sous l'orage dru, ma cervelle rouille,
De mourir de froid j'ai la grande trouille,
De froid, de tristesse et d'hara-kiri.

J'ai si souvent changé de domicile
Que mon bougeottis en est proverbiau.
Si ton agenda se montre indocile,
Aux pages des B, mets un codicille,
L'an prochain, je t'en paierai un nouviau.

O montagne, ô mer ! O ville, ô campagne !
Vos charmes n'ont plus de secrets pour moi.

Un gentil agent partout m'accompagne,
Construisant petits châteaux en Espagne,
Partageant mes craintes et mon émoi.

L'hôtesse partie, me voici perplexe :
A quoi me résoudre, et pourquoi choisir ?
Notre problème est bigrement complexe,
Fuir est mon premier z'et mon seul réflexe :
Je serre les dents pour me ressaisir.

Bah, je n'aurai pas la maison que j'aime.
C'est celle qu'on voit dans les illustrés,
Celle où, nous dit-on, plus d'un stratagème
Fut appliqué par Jules Polyphème,
Décorateur des aristos titrés.

Je n'aurai pas plus la maison des dunes,
Le chalet des monts, la hutte des bois.
J'aurais pourtant bien les deux ou trois thunes
Que vaudraient ces deux ou trois infortunes :
Ma bourse n'est pas si fort aux abois.

Non, c'est d'autre part que mon sang se vide.
L'or n'y est pour rien, ni le papier bleu.
Pourquoi mon teint se plombe-t-il, livide ?
Pourquoi l'écheveau de mon temps dévide-
T-il si grosse laine à la queue-leu-leu ?

Bon, j'en ai trop dit : mais chaque demeure
Nous pousse vers notre dernier logis.
Un jour sonnera bien mon ultime heure,
Un jour faudra bien, faudra que je meure,
Un jour on dira : « Mon vieux, ci tu gîs. »

Alors, pour finir, je m'en fiche, ou presque
D'habiter ici, ailleurs ou nulpart.
Parfois, j'y trouve un côté pittoresque,
Parfois, un côté déprimant. Mais ess-que
Il n'en va pas ainsi chez la plupart ?

La vérité, c'est qj'ai l'esprit bohême
Et l'esprit bourgeois dans le même froc.

L'un aime le laid ; l'autre le beau aime,
Et, si j'ai le pot d'en faire un poème,
Il sera, c'est sûr, de bric et de broc.

(Inédit)

Poète et romancier, Jacques Bens a aussi consacré une étude à Raymond Queneau, son « père » naturel.

ALAIN BOSQUET
(né en 1919)

A Jorge Carrera Andrade.

C'était un colibri, mais par ma faute.
C'était un soir de lait, car j'avais soif
d'un dieu qui fût tout blanc. C'était un fleuve :
allez-vous m'en vouloir ? C'était la queue
d'un tigre : enfant, je n'ai jamais joué.
C'était un arbre, et ses hiéroglyphes
lui faisaient un manteau. Comprenez-moi,
je suis né sous l'étoile la plus ivre
de notre ciel, un ciel raccommodé
car mon père était pauvre et ne pouvait
en acheter un autre. C'est pourquoi
je confonds le pays le plus secret :
il est très vert comme les choses crues,
et le pays public : il est tout noir,
plus noir encore que les choses cuites.
C'était un colibri, mais je mentais.

(*Quatre testaments et autres poèmes*,
Gallimard éditeur, 1967)

PIERRE CHABERT
(né en 1914)

Carnavage

Ils mangent. Ils se mangent. Ce sont avant tout des digestifs. Acte primordial, religieux. A quoi bon chercher ailleurs ? Cela se fait simplement et se prolonge pendant des heures. Double béatitude, du mangeur et du mangé. L'un grossit peu à peu, dessine en relief la forme de la victime. Le bonheur se voit, lenteur, complaisance au-dehors, au-dedans l'extase. Carne doucement dérivée et séduite. Osmose. La lutte pour la vie n'est peut-être que complicité. Connivence. Deux serpents l'un dans l'autre mûrissent un dieu.

(*Les Sales bêtes,* Chambelland
et Librairie Saint-Germain-des-Prés, éditeurs, 1968)

La tortue

La tortue passe, en peignoir à carreaux, rapide quoi qu'on dise, et ne cesse de rabâcher la même histoire qui est celle que son mari raconte à son sujet, qu'elle est une pareusseuse, une idiote, qu'elle le trompe avec un gendarme. En quoi il est méchant et injuste. Et il a vingt ans de plus qu'elle : s'il mourait, il débarrasserait bien. D'ailleurs, c'est chose faite depuis ce matin.

(*Inédit*)

PIERRE CHABERT publie sans bruit une œuvre qui n'est dépourvue ni de saveur, ni de surprises ; il a regroupé ses premiers livres dans *Arambre* (Chambelland, 1965).

JEAN COCTEAU
(1889-1963)

Fin de la royauté

Madame, dit l'archevêque, il vous faut préparer, la mort frappe à votre porte.

Après bien des grimaces, la reine se confessa. L'archevêque entendit une liste atroce où le meurtre, l'inceste, la trahison, faisaient petite figure.

La mort entra, se bouchant la bouche, le nez, montée sur de hauts patins, cousue dans de la toile cirée noire.

Séance interminable. Vingt fois elle recommença et manqua ses tours.

La foule des courtisans, des princesses, des dames d'honneur, le clergé, l'archevêque même dormaient debout. La fatigue écartelait les membres. Sous cette torture, les visages se lâchaient, avouaient.

Enfin la mort se retourna. Et tandis qu'elle saluait, la puanteur, le candélabre aux fenêtres, annoncèrent que c'était fini. Alors les feux d'artifice s'épanouirent dans le ciel, le vin coula sur les petits échafauds des bals musette, et les têtes d'ivrognes roulèrent joyeusement partout.

(*Opéra,* œuvres 1925-1927, Stock)

TRISTAN CORBIERE
(1845-1875)

Laisser-courre

J'ai laissé la potence
Après tous les pendus,
Andouilles de naissance,
Maigres fruits défendus ;
Les plumes aux canards
Et la queue aux renards...

Au diable aussi sa queue,
Et ses cornes aussi,
Au ciel sa chose bleue
Et la Planète — ici —
Et puis tout : n'importe où
Dans le désert au clou.

J'ai laissé dans l'Espagne
Le reste et mon château ;
Ailleurs, à la campagne,
Ma tête et son chapeau ;
J'ai laissé mes souliers,
Sirènes, à vos pieds !

J'ai laissé par les mondes,
Parmi tous les frisons
Des chauves, brunes, blondes

Et rousses... mes toisons.
Mon épée aux vaincus,
Ma maîtresse aux cocus...

Aux portes les portières,
La portière au portier,
Le bouton aux rosières,
Les roses au rosier,
A l'huys les huissiers,
Créance aux créanciers...

Dans mes veines ma veine,
Mon rayon au soleil,
Ma dégaine en sa gaine,
Mon lézard au sommeil ;
J'ai laissé mes amours
Dans les tours, dans les fours...

Et ma cote de maille
Aux artichauts de fer
Qui sont à la muraille
Des jardins de l'Enfer ;
Après chaque oripeau
J'ai laissé de ma peau.

J'ai laissé toute chose
Me retirer du nez
Des vers, en vers, en prose...
Aux bornes, les bornés ;
A tous les jeux partout,
Des rois et de l'atout.

J'ai laissé la police
Captive en liberté,
J'ai laissé la Palisse
Dire la vérité...
Laissé courre le sort
Et ce qui court encor.

J'ai laissé l'Espérance,
Vieillissant doucement,
Retomber en enfance,

Vierge folle sans dent.
J'ai laissé tous les Dieux,
J'ai laissé pire et mieux.

J'ai laissé bien tranquilles
Ceux qui ne l'étaient pas,
Aux pattes imbéciles
J'ai laissé tous les plats ;
Aux poètes la foi...
Puis me suis laissé moi.

Sous le temps, sans égides
M'a mal mené fort bien
La vie à grandes guides...
Au bout des guides — rien —
... Laissé, blasé, passé...
Rien ne m'a rien laissé...

(*Les Amours jaunes*)

PIERRE CORNEILLE
(1606-1684)

Stances

Marquise, si mon visage
A quelques traits un peu vieux,
Souvenez-vous qu'à mon âge
Vous ne vaudrez guère mieux.

Le temps aux plus belles choses
Se plaît à faire un affront :
Il saura faner vos roses
Comme il a ridé mon front.

Le même cours des planètes
Règle nos jours et nos nuits :
On m'a vu ce que vous êtes ;
Vous serez ce que je suis.

Cependant j'ai quelques charmes
Qui sont assez éclatants
Pour n'avoir pas trop d'alarmes
De ces ravages du temps.

Vous en avez qu'on adore ;
Mais ceux que vous méprisez
Pourraient bien durer encore
Quand ceux-là seront usés.

Ils pourront sauver la gloire
Des yeux qui me semblent doux,
Et dans mille ans faire croire
Ce qui me plaira de vous.

Chez cette race nouvelle,
Où j'aurai quelque crédit,
Vous ne passerez pour belle
Qu'autant que je l'aurai dit.

Pensez-y, belle marquise ;
Quoiqu'un grison fasse effroi,
Il vaut bien qu'on le courtise
Quand il est fait comme moi.

CHARLES CROS
(1842-1888)

Le hareng saur

A Guy.

Il était un grand mur blanc — nu, nu, nu,
Contre le mur une échelle — haute, haute, haute,
Et, par terre, un hareng saur — sec, sec, sec.

Il vient, tenant dans ses mains — sales, sales, sales,
Un marteau lourd, un grand clou — pointu, pointu, pointu,
Un peloton de ficelle — gros, gros, gros.

Alors il monte à l'échelle — haute, haute, haute,
Et plante le clou pointu — toc, toc, toc,
Tout en haut du grand mur blanc — nu, nu, nu.

Il laisse aller le marteau — qui tombe, qui tombe, qui tombe,
Attache au clou la ficelle — longue, longue, longue,
Et, au bout, le hareng saur — sec, sec, sec.

Il redescend de l'échelle — haute, haute, haute,
L'emporte avec le marteau — lourd, lourd, lourd ;
Et puis, il s'en va ailleurs, — loin, loin, loin.

Et, depuis, le hareng saur — sec, sec, sec,
Au bout de cette ficelle — longue, longue, longue,
Très lentement se balance — toujours, toujours, toujours.

J'ai composé cette histoire, — simple, simple, simple,
Pour mettre en fureur les gens — graves, graves, graves,
Et amuser les enfants — petits, petits, petits.

(*Le Coffret de santal*)

ERIC-BRUNO DEPERCENAIRE
(1920-1975)

Wonder-Bar
ou les îles d'Aran

Deux marins — qui s'aimaient — en rapprochant leurs bras
De chair douce et fruste,
Dansaient dans l'air mouillé de pleurs d'harmonica,
Sous un ciel palustre.

Le plus jeune, ivre-mort, fut violé sans heurt.

Puis sur place, en cache-sexe, au grand bec électrique,
Son amant fut pendu (*Par devant procureur,*
Un mousse, pris d'une colique,
Le cousit encore chaud dans un sac de couleur...)

C'était un matelot qui revenait de Chine.
On vit quelques instants palpiter ses narines.
Puis il rendit son âme avec un peu d'urine.

Plainte de la reine noire

J'ai tellement marché que mes orteils sont roses...

O grand roi Salomon, pour venir jusqu'à toi,
J'ai dû faire étrangler dans mon jardin des roses.
La noria s'est tue où, hier, fumait mon toit.
Je fis, le matin même où pour Ur nous partîmes,
Mettre en croix dix voleurs d'or rouge et de ciment.
L'un avait de beaux yeux éclairés par des cimes,
Et j'en aurais pu faire, à minuit, mon amant.

Or, me voici...

L'on m'ouvre, et pose des énigmes...
Tu crèves, soupçonneux, les bâts de mes chameaux.
Le palais, chaque soir, est plein de borborygmes
Rituels, quand pour toi je défais mes émaux.
Je ne peux plus rêver sous les plafonds trop pâles,
Où ta Balance met un inerte échafaud.

Ta sagesse, ô Roi blanc, a la langueur d'un châle.

Ah ! retrouver enfin les parfums d'une Faux !

(*L'Age de la Pierre pourrie,*
Chambelland éditeur, 1968)

ANDRÉ-ERIC FONTANEL a d'abord publié sous le nom d'Eric Sarn des poèmes qui lui ont valu l'amitié de Desnos et d'Audiberti. Il utilisa également le pseudonyme de Kees Mervial, mais c'est sous celui de Eric-Bruno Depercenaire que les anthologies lui font une place.

ROLAND DUBILLARD
(né en 1923)

Trombone 4

La guêpe trouve, en qui s'assoit sur elle,
un juge bien sévère.

Et se pendre est un reproche
qu'à la corde fait le pauvre homme.

Tel, par contre, se meurt d'une fenêtre
qui l'a laissé tomber.

Comme tombe avec la lourdeur de ta tristesse
ta larme, qui pèse à peine, cependant.

Mais à cause d'autre chose
que les larmes d'un Mendelssohn
le vert-de-gris vient dans le silence aux trombones.

(*Je dirai que je suis tombé,*
Gallimard, 1966)

Ce poème est extrait du premier recueil de ROLAND DUBILLARD, auteur au théâtre de *Naïves Hirondelles* et de *La Maison d'os* (Gallimard). Il a publié un deuxième volume de poèmes, *la Boîte à outils* (L'Arbalète, 1985).

LEON-PAUL FARGUE
(1876-1947)

Cailloux

Fleur triphasée, erreurs, lueurs vespasiennes,
Et les femmes, et ces guivres aspasiennes
Qui cueillent le plaisir sur son vieil arbrisseau
Et qui pour un boa prennent un vermisseau.
Assez souffert. Que l'amour soit la grosse rose
Qui fait face au palmier. Que la plainte soit close.
Touche-moi. Mais ne risque plus rien qui me touche.
Embrasse-moi.
Oh, comme il fait noir dans ta bouche...

(*Ludions* - Copyright Gallimard)

J'ai vu, tout au bout d'une vaste machine et dans un endroit quasi sexuel, un petit rouage endormi qu'un long bras d'acier venu de loin réveillait parfois d'un air pimbêche. Il sortait alors de son boîtier, s'allumait d'un anneau rose, s'ouvrait comme une bête qui va prendre son vol, déployait une sorte de trousse, et se mettait à faire une besogne locale en tournant dans son petit cercle avec un bruit de macroglosse. D'instant en instant, il avait l'air de profiter d'une certaine tolérance pour s'écarter à droite et à gauche, en tournant son œil de caméléon à l'helium, comme s'il avait voulu courir en liberté sur les grands plans que la courbe perd, tourner sa planète et voir ses dieux. Mais à peine avait-il cligné sur le moyeu de la deuxième bielle, il ralentissait, comme à regret, soufflait petitement, faisait entendre une plainte décroissante, son œil pâlissait par degrés, lâchant une larme de graisse, il bouclait sa petite voirie, rentrait dans sa gorge et se rendormait. C'est ce qu'il avait de mieux à faire. Et ainsi de suite.

(*Suite familière*,
Copyright Gallimard)

ADORE FLOUPETTE
(n'existait pas)

Idylle symbolique

L'Enfant abdique son extase.
Et, docte déjà par les chemins,
Elle dit le mot : Anastase !
Né pour d'éternels parchemins.

Avant qu'un sépulcre ne rie
Sous aucun climat, son aïeul,
De porter ce nom : Pulchérie
Caché par le trop grand glaïeul !

Stéphane MALLARMÉ.

Amoureuses Hypnotisées
Par l'Indolence des Espoirs,
Ephèbes doux, aux reflets noirs,
Avec des impudeurs rosées,

Par le murmure d'un Ave,
Disparus ! O miracle Etrange !
Le démon suppléé par l'Ange,
Le vil Hyperbole sauvé !

Ils parlent, avec des nuances,
Comme, au cœur vert des boulingrins,
Les bengalis et les serins,
Et ceux qui portent des créances.

Mais ils disent le mot : Chouchou,
— Né pour du papier de Hollande, —
Et les voilà seuls, dans la lande,
Sous le trop petit caoutchouc !

Les Déliquescences d'Adoré Floupette, dont ce poème, ironique pastiche de Mallarmé, fut publié en 1885, était l'œuvre de Gabriel Vicaire et de Henri Beauclair. Adoré Floupette leur a survécu dans la petite histoire littéraire...

XAVIER FORNERET
(1809-1884)

Un pauvre honteux

Il l'a tirée
De sa poche percée,
L'a mise sous ses yeux ;
Et l'a bien regardée
En disant : « Malheureux ! »

Il l'a soufflée
De sa bouche humectée ;
Il avait presque peur
D'une horrible pensée
Qui vint le prendre au cœur.

Il l'a mouillée
D'une larme gelée
Qui fondit par hasard ;
Sa chambre était trouée
Encor plus qu'un bazar.

Il l'a frottée,
Ne l'a pas réchauffée,
A peine il la sentait ;

Car, par le froid pincée
Elle se retirait.

Il l'a pesée
Comme on pèse une idée,
En l'appuyant sur l'air.
Puis il l'a mesurée
Avec du fil de fer.

Il l'a touchée
De sa lèvre ridée —
D'un frénétique effroi
Elle s'est écriée :
Adieu, embrasse-moi !

Il l'a baisée,
Et après l'a croisée
Sur l'horloge du corps,
Qui rendait, mal montée,
De mats et lourds accords.
Il l'a palpée
D'une main décidée
A la faire mourir. —
Oui, c'est une bouchée
Dont on peut se nourrir.

Il l'a pliée,
Il l'a cassée,
Il l'a placée,
Il l'a coupée,
Il l'a lavée,
Il l'a portée,
Il l'a grillée,
Il l'a mangée.

— Quand il n'était pas grand, on lui avait dit : Si tu as faim, mange une de tes mains.

XAVIER FORNERET, romantique oublié, fut considéré par André Breton comme un précurseur du surréalisme, tout au moins dans ses premières œuvres : *Et la lune dormait, et la rosée tombait,* et surtout pour ses aphorismes : *Sans titre, par un homme noir, blanc de visage.*

ANDRE FREDERIQUE
(1915-1957)

Exercices de logique

Un homme qui serait mort mais qui ne serait
pas né
Un homme qui naîtrait après sa mort
Un homme qui mourrait en naissant mais qui ne
naîtrait pas en mourant
Un homme qui ne mourrait pas
Un homme qui naîtrait une fois sur deux
Un homme qui mourrait quelquefois
Un homme qui n'arrêterait pas de naître
Un homme qui ne finirait pas de mourir
Un homme qui naîtrait de sa belle mort
Un homme qui naîtrait au-dessous de la
ceinture et qui mourrait au-dessus
Un homme qui ne serait ni né ni mort
Cet homme-là n'est pas encore né.

(*Aigremorts*, GLM éditeur, 1947)

Don Juan

A Maurice Nadeau.

J'ai connu la décervelée d'Etampes
qui savait compter jusqu'à trois
la borgne de Paimpol
et la boiteuse de Pithiviers
qui a renoncé à la marche à pied

la bleue du Chili
qui déteint à l'eau de pluie

j'ai eu la femme tire-lire
la femme tronc la femme chien
la femme aux mains d'ébène
la femme en fer qui ne rouille pas

Lolita perroquet des îles
moitié oiseau moitié renard
la femme pendule
qui mourut par la femme canon
de sa bouche issaient les obus
qui renversèrent notre amour

la reine de Broadway
avec ses deux bouches peintes

l'orthopédiste aux dents d'alcool
qui crachait des fleurs de néant

l'amazone hagarde
qui traverse vingt centimètres de plomb

la femme aux yeux de porcelaine
qui pleurait des perles du Japon
l'aveugle aux yeux de marcassite

femmes combien vous défilâtes
à mon gré

femme poisson aux seins coupés
femme aux seins superposés
femme aux seins remplacés
par des poignées
combien je vis des exotiques

et vous presque femmes
animaux équivoques
marchant dans vos traînes fragiles
sur des sabots d'argent

la salée du Portugal
dont la bouche est un miel
mais qui pique au réveil

la fripée de Rotterdam
qui sait si bien se cacher
sous les draps
qu'on la cherche dans les plis

la calcinée de Draguignan
qui brûle tous les plastrons
quand on l'embrasse

l'explosive des Dolomites
qui ne sert
qu'à vous réveiller en sursaut

l'orpheline perpétuelle du Canada
qui enterre sa mère tous les jeudis
la femme aux crochets
et la femme viande abattue
qui pourrit dans votre lit
si on ne lui donne pas d'argent

la créancière marginale
la petite sœur des morts
la noyée
des mers des mares et des bassins

La Hollandaise flottante
la retournable
la fiduciaire
la en vrac
l'écorchée de Bagdad
la moribonde
la Souabe
la Souasse

mais c'est toi que j'aime
ô la suivante.

(*Poésie sournoise*,
Seghers, 1957)

ANDRÉ FRÉDÉRIQUE, narquois, amer, un peu surréaliste, et déjà trop oublié... Il n'était pas un poète « fantaisiste », mais au sens le plus vrai écrivain d'humour, cette manière d'être intransigeant.

PIERRE GRINGOIRE
(1475 ? - † après 1538)

Le cri du prince des sots

Sots lunatiques, sots étourdis, sots sages,
Sots de villes, de châteaux, de villages,
Sots rassotés, sots niais, sots subtils,
Sots amoureux, sots privés, sots sauvages,
Sots vieux, nouveaux et sots de toutes âges,
Sots barbares, étrangers et gentils,
Sots raisonnables, sots pervers, sots rétifs ;
Votre Prince, sans nulles intervalles,
Le Mardi gras jouera ses jeux aux Halles.

Sottes dames et sottes demoiselles,
Sottes vieilles, sottes jeunes, nouvelles,
Toutes sottes aimant le masculin,
Sottes hardies, couardes, laides, belles,
Sottes frisques, sottes douces, rebelles,
Sottes qui veulent avoir leur picotin,
Sottes trottantes sur pavé, sur chemin,
Sottes rouges, maigres, grasses et pâles ;
Le Mardi gras jouera le Prince aux Halles.

Sots ivrognes aimant les bons lapins,
Sots qui crachent au matin jacopins *,
Sots qui aiment jeux, tavernes, ébats,
Tous sots jaloux, sots gardant les patins *,
Sots qui chassent nuit et jour aux congnins *,
Sots qui aiment à fréquenter le bas,
Sots qui faites aux dames les choux gras,
Advenez-y, sots lavés et sots sales,
Le Mardi gras jouera le Prince aux Halles.

Mère sotte semond * toutes ses sottes ;
Ne faillez à y venir, bigottes,
Car en secret faites de bonnes chères.

* *Jacopins* : gros et gras crachats ; *gardant les patins* : ne bougeant pas de chez eux — par voie de conséquence, cocus ; *congnins* : lièvres ; *semond* : bat le rappel de...

Sottes gaies, délicates, mignottes,
Sottes douces qui rebrassez vos cottes,
Sottes qui êtes aux hommes familières,
Sottes nourrices et sottes chambrières,
Montrer vous faut douces et cordiales,
Le Mardi gras jouera le Prince aux Halles.

Fait et donné, buvant vin à pleins pots,
En recordant la naturelle gamme,
Par le Prince des sots et ses suppôts ;
Ainsi signé d'un pet de prude femme.

Pierre Gringoire a laissé une œuvre « théâtrale » fort vaste, et des polémiques. Ce poème est extrait du *Jeu du Prince des Sots* (1512).

VICTOR HUGO
(1802-1885)

Bon conseil aux amants

L'amour fut de tout temps un bien rude Ananké ;
Si l'on ne veut pas être à la porte flanqué,
Dès qu'on aime une belle, on s'observe, on se scrute ;
On met le naturel de côté ; bête brute,
On se fait ange ; on est le nain Micromégas ;
Surtout on ne fait point chez elle de dégâts,
On se tait, on attend, jamais on ne s'ennuie,
On trouve bon le givre, et la brise, et la pluie,
On doit dire : J'ai chaud ! quand même on est transi.
Un coup de dent de trop vous perd. Oyez ceci :

Un brave ogre des bois, natif de Moscovie,
Etait fort amoureux d'une fée, et l'envie
Qu'il avait d'épouser cette dame s'accrut
Au point de rendre fou ce pauvre cœur tout brut.
L'ogre, un beau jour d'hiver, peigne sa peau velue,
Se présente au palais de la fée, et salue,
Et s'annonce à l'huissier comme prince Ogrouski.
La fée avait un fils, on ne sait pas de qui.

Elle était ce jour-là sortie, et, quant au mioche,
Bel enfant blond nourri de crème et de brioche,
Don fait par quelque Ulysse à cette Calypso,
Il était sous la porte et jouait au cerceau.
On laissa l'ogre et lui tout seuls dans l'antichambre.
Comment passer le temps quand il neige en décembre,
Et qu'on n'a personne avec qui dire un mot ?
L'ogre se mit alors à croquer le marmot.
C'est très simple ; pourtant c'est aller un peu vite,
Même lorsqu'on est ogre et qu'on est Moscovite,
Que de gober ainsi les mioches du prochain.
Le bâillement d'un ogre est frère de la faim.
Quand la dame rentra, plus d'enfant. On s'informe ;
La fée avise l'ogre avec sa bouche énorme :
— As-tu vu, cria-t-elle, un bel enfant que j'ai ?
Le bon ogre naïf lui dit : « Je l'ai mangé. »

Or, c'était maladroit. Vous qui cherchez à plaire,
Ne mangez pas l'enfant dont vous aimez la mère.

(*Toute la lyre*)

MAX JACOB
(1876-1944)

Le Centaure

Oui ! j'ai rencontré le Centaure ! c'était sur une route de Bretagne : les arbres ronds étaient disséminés sur les talus. Il est couleur café au lait ; il a les yeux concupiscents et sa croupe est plutôt la queue d'un serpent que le corps d'un cheval. J'étais trop défaillant pour lui parler et ma famille nous regardait de loin, plus effrayée que moi. Soleil ! que de mystères tu éclaires autour de toi.

(*Le Cornet à dés,* Gallimard éditeur, 1917)

Fausses nouvelles !
Fosses nouvelles !

A une représentation de *Pour la Couronne*, à l'Opéra, quand Desdémone chante « Mon père est à Goritz et mon cœur à Paris », on a entendu un coup de feu dans une loge de cinquième galerie, puis un second aux fauteuils et instantanément des échelles de cordes se sont déroulées, un homme a voulu descendre des combles : une balle l'a arrêté à la hauteur du balcon. Tous les spectateurs étaient armés et il s'est trouvé que la salle n'était pleine que de... et de... Alors, il y a eu des assassinats du voisin, des jets de pétrole enflammé. Il y a eu des sièges de loges, le siège de la scène, le siège d'un strapontin et cette bataille a duré dix-huit jours. On a peut-être ravitaillé les deux camps, je ne sais, mais ce que je sais fort bien, c'est que les journalistes sont venus pour un si horrible spectacle, que l'un d'eux étant souffrant, y a envoyé madame sa mère et que celle-ci a été beaucoup intéressée par le sang-froid d'un jeune gentilhomme français qui a tenu dix-huit jours dans une avant-scène sans rien prendre qu'un peu de bouillon. Cet épisode de la guerre des Balcons a beaucoup fait pour les engagements volontaires en province. Et je sais, au bord de ma rivière, sous mes arbres, trois frères en uniformes tout neufs qui se sont embrassés les yeux secs, tandis que leurs familles cherchaient des tricots dans les armoires des mansardes.

(*Le Cornet à dés,* Gallimard éditeur, 1917)

ALFRED JARRY
(1873-1907)

Madrigal

Ma fille — ma, car vous êtes à tous,
Donc aucun d'eux ne fut valable maître,
Dormez enfin, et fermons la fenêtre :
La vie est close, et nous sommes chez nous.

C'est un peu haut, le monde s'y termine
Et l'absolu ne se peut plus nier ;
Il est si grand de venir le dernier
Puisque ce jour a lassé Messaline.

Vous voici seule et d'oreilles, et d'yeux,
Tomber souvent désapprend de descendre.
Le bruit terrestre est loin comme la cendre
Gît inconnue à l'encens bleu des dieux.

Tel le clapotis des carpes nourries
A Fontainebleau
A des voix meurtries
De baisers dans l'eau.

Comment s'unit la double destinée ?
Tant que je n'eus point pris votre trottoir
Vous étiez vierge et vous n'étiez point née,
Comme un passé se noie en un miroir.

La boue à peine a baisé la chaussure
De votre pied infinitésimal
Et c'est d'avoir mordu dans tout le mal
Qui vous a fait une bouche si pure.

(*Œuvres poétiques complètes,* Gallimard éditeur, 1945)

Le bain du roi

Rampant d'argent sur champ de sinople, dragon
Fluide, au soleil la Vistule se boursoufle,
Or le roi de Pologne, ancien roi d'Aragon,
Se hâte vers son bain, très nu, puissant maroufle.

Les pairs étaient douzaine : il est sans parangon.
Son lard tremble à sa marche et la terre à son souffle ;
Pour chacun de ses pas son orteil patagon
Lui taille au creux du sable une neuve pantoufle.

Et couvert de son ventre ainsi que d'un écu
Il va. La rebondance illustre de son cul
Affirme insuffisant le caleçon vulgaire

Où sont portraicturés en or, au naturel,
Par derrière, un Peau-Rouge au sentier de la guerre
Sur un cheval, et par devant, la Tour Eiffel.

(*Œuvres poétiques complètes,* Gallimard éditeur, 1945)

De l'Ile Fragrante

A Paul Gauguin.

L'Ile Fragrante est toute sensitive, et fortifiée de madrépores qui se rétractèrent, à notre abord, dans leurs casemates corallines. L'amarre de l'as fut enroulée autour d'un grand arbre, balancé au vent comme un perroquet bascule dans le soleil.

Le roi de l'île était nu dans une barque, les hanches ceintes de son diadème blanc et bleu. Il était drapé en outre de ciel et de verdure comme la course en char d'un César, et roux comme sur un piédestal.

Nous lui fîmes raison de liqueurs fermentées dans des hémisphères végétaux.

Sa fonction est de sauvegarder pour son peuple l'image de ses Dieux. Il en fixait un avec trois clous au mât de la barque, et ce fut comme une voile triangulaire, ou l'or équilatéral d'un poisson séché rapporté du septentrion. Et au-dessus de la demeure des femmes, il a enchaîné les pâmoisons et les torsions d'amour avec un ciment divin. Hors de l'entrelacs des seins jeunes et des croupes, des sibylles constatent la formule du bonheur, qui est double : *soyez amoureuses,* et *soyez mystérieuses.*

Il possède aussi une cithare, qui a sept cordes de sept couleurs, qui sont éternelles ; et une lampe dans son palais alimentée des sources odorantes de la terre. Quand le roi chante, le long du rivage, sur sa cithare, on élague avec une hache des images de bois vivant, les pousses qui défigureraient la ressemblance des Dieux, ses femmes se terrent au creux des lits, le poids de la peur chu sur leurs reins du regard de veilleuse de l'esprit des Morts, et de la porcelaine parfumée de l'œil de la grande lampe.

Comme l'as débordait des récifs, nous vîmes les femmes du roi chasser de l'île un petit cul-de-jatte, herbu comme un crabe vieillot d'algues vertes : un maillot de lutteur de foire singeait sur son torse nabot la nudité du roi. Il sautela de ses poings encestés, et du ronflement des roulettes de sa base voulut poursuivre et gravir la plate-forme de l'*Omnibus de Corinthe,* qui croisait notre route, mais un tel bond n'est donné qu'à plusieurs. Et il chut misérablement, fêlant sa cuvette postérieure d'une fente moins obscène que risible.

(*Gestes et opinions du Dr Faustroll, pataphysicien,*
Fasquelle éditeur)

COMTE DE LAUTREAMONT
(1846-1870)

C'était une journée de printemps. Les oiseaux répandaient leurs cantiques en gazouillements, et les humains, rendus à leurs différents devoirs, se baignaient dans la sainteté de la fatigue. Tout travaillait à sa destinée : les arbres, les planètes, les squales. Tout, excepté le Créateur ! Il était étendu sur la route, les habits déchirés. Sa lèvre inférieure pendait comme un câble somnifère ; ses dents n'étaient pas lavées, et la poussière se mêlait aux ondes blondes de ses cheveux. Engourdi par un assoupissement pesant, broyé contre les cailloux, son corps faisait des efforts inutiles pour se relever. Ses forces l'avaient abandonné, et il gisait là, faible comme le ver de terre, impassible comme l'écorce. Des flots de vin remplissaient les ornières, creusées par les soubresauts nerveux de ses épaules. L'abrutissement, au groin de porc, le couvrait de ses ailes protectrices, et lui jetait un regard amoureux. Ses jambes, aux muscles détendus, balayaient le sol, comme deux mâts aveugles. Le sang coulait de ses narines : dans sa chute, sa figure avait frappé contre un poteau... Il était soûl ! Horriblement soûl ! Soûl comme une punaise qui a mâché pendant la nuit trois tonneaux de sang ! Il remplissait l'écho de paroles incohérentes, que je me garderai de répéter ici ; si l'ivrogne suprême ne se respecte pas, moi, je dois respecter les hommes. Saviez-vous que le Créateur... se soûlât ! Pitié pour cette lèvre, souillée dans les coupes de l'orgie ! Le hérisson qui passait, lui enfonça ses pointes dans le dos, et dit : « Ça, pour toi. Le soleil est à la moitié de sa course : travaille, fainéant, et ne mange pas le pain des autres. Attends un peu, et tu vas voir, si j'appelle le kakatoès, au bec crochu. » Le pivert et la chouette, qui passaient, lui enfoncèrent le bec entier dans le ventre, et dirent : « Ça, pour toi. Que viens-tu faire sur cette terre ? Est-ce pour offrir cette lugubre comédie aux animaux ? Mais, ni la taupe, ni le casoar, ni le flamant ne t'imiteront, je te le jure. » L'âne, qui passait, lui donna un coup de pied sur la tempe, et dit : « Ça, pour toi. Que t'avais-je fait pour me donner des oreilles si longues ? Il n'y a pas jusqu'au grillon qui ne me méprise. » Le crapaud, qui passait, lança un jet de bave sur son front, et dit : « Ça, pour toi. Si tu ne m'avais fait l'œil si gros, et que je t'eusse aperçu dans l'état où je te vois, j'aurais chastement caché la beauté de tes membres sous une pluie de renoncules, de myosotis et de camélias, afin que nul ne te vît. » Le lion, qui passait, inclina sa face royale, et dit : « Pour moi, je le respecte, quoique sa splendeur nous paraisse pour le moment éclipsée. Vous autres, qui faites les orgueilleux, et n'êtes que des lâches, puisque vous l'avez attaqué quand il dormait, seriez-vous contents, si, mis à sa place, vous supportiez, de la part des passants, les injures que vous ne lui avez pas épargnées ? » L'homme, qui passait, s'arrêta devant le Créateur méconnu ; et, aux applaudissements du morpion et de la vipère, fienta, pendant trois jours, sur son visage auguste ! Malheur à l'homme, à cause de cette injure ; car il n'a pas respecté l'ennemi, étendu dans le mélange de boue, de sang et de vin, sans défense et presque inanimé !... Alors, le Dieu souverain, réveillé, enfin, par toutes ces insultes mesquines, se releva comme il put ; en chancelant, alla s'asseoir sur une pierre, les bras pendants, comme les deux testicules du poitrinaire ; et jeta un regard vitreux, sans flamme, sur la nature entière, qui lui appartenait. O humains, vous êtes les enfants terribles ; mais je vous en supplie, épargnons cette grande existence, qui n'a pas encore fini de cuver la liqueur immonde, et, n'ayant pas conservé assez de force pour se tenir droite, est retombée, lourdement, sur cette roche, où elle s'est assise, comme un voyageur. Faites attention à ce mendiant qui passe ; il a vu que le derviche tendait un bras affamé, et, sans savoir à qui il faisait l'aumône, il a jeté un morceau de pain dans cette main qui implore la miséricorde. Le Créateur lui a exprimé sa reconnaissance par un mouvement de tête. Oh ! vous ne saurez jamais comme de tenir constamment les rênes de l'univers devient une chose difficile ! Le sang monte quelquefois à la tête, quand on s'applique à tirer du néant une dernière comète, avec une nouvelle race d'esprits. L'intelligence, trop remuée de fond en comble, se retire comme un vaincu, et peut tomber, une fois dans la vie, dans les égarements dont vous avez été témoins !

(*Les Chants de Maldoror,* III, 4)

JEAN DE LA VILLE DE MIRMONT
(1886-1914)

Vous pouvez lire, au tome trois de mes *Mémoires,*
Comment, pendant quinze ans captif chez les Papous,
J'eus pour maître un monarque exigeant après boire
Qu'au son des instruments on lui cherchât ses poux.

Mais j'omis à dessein, en narrant cette histoire,
Plusieurs détails touchant l'Infante Laïtou,
Fille royale au sein d'ébène, aux dents d'ivoire,
Dont la grâce rendit mon servage plus doux,

Depuis que les échos des Nouvelles-Hébrides
Qui répétaient les cris de nos amours hybrides,
Terrifiant, la nuit, les marins naufragés,

S'éteignirent au creux des rivages sonores,
Laïtou, Laïtou, te souvient-il encore
Du seul de tes amants que tu n'aies point mangé ?

(*L'Horizon chimérique,* Editions Picquot, 1948)

Ce seul petit livre posthume, *L'Horizon chimérique,* aura sauvé la mémoire de ce poète tué par la guerre. Michel Suffran lui a consacré une étude dans « Les Poètes d'Aujourd'hui » (Seghers).

MATHIAS LUBECK
(1903-1944)

Arrivée de la mort dans un port de province

« Fermé la nuit, me dit l'homme de poids et d'âge,
Fermé la nuit ? Prout ! voilà qui est bon ! »
Le capitaine, armé de son courage,
Aborde au bordel de Bécon.
(C'est mieux que les îles Bourbon.)
Bertrand, gros matelot frisant la quarantaine,
Se trompe et frise celle du sous-chef en second.
Aussitôt le navire est mis en quarantaine.
Il n'entrera donc pas au bordel de Bécon !
Il n'est du reste pas fermé la nuit, Tibulle,
Non, Sosthène, et tu peux entrer.
Entrons, entrons dans ce blanc prostibule
Avec Properce, Arsène et Pierre-André !
    Moralité pour notre capitaine,
    Mon officier, mon officier,
Pour éviter le pavillon de quarantainc,
Il faut avoir un cœur d'acier.
    Les enfants sont des jouets pour les femmes faciles,
Les amours sont fragiles,
Les serments coloriés !
    Alors que deviendrez-vous, pauvres imbéciles,

Quand la mort aura tout trié ?
Oh ! je la vois, cette personne
Blanche comme pierre à mortier :
« Je prends Fernand, dit-elle, et sa cousine Yvonne,
Je prends Robert et je laisse Julien,
Je me saisis d'André, d'Edgar et de sa bonne
Mais je laisse sur terre Alcibiade et son chien !
Quant à Jenny et sa verte perruche,
Jude l'obscur et Thomas le hardi,
Ils sont pour moi ! Je les mets dans ma huche,
Au fond de mon taudis ! »
J'ai vu Raymond, de la famille Adolphe.
La mort n'a pas voulu de son charme étranger.
Il pleure, il veut se jeter dans le golfe.
A quoi bon le décourager ?
Elle voudra de lui, quand il sera un homme,
Je le lui dis, c'est pour le consoler,
Mais pour cela, il faut manger la soupe aux pommes,
Aux pommes d'arrosoir, aux pommes d'escalier !

(1924)

Stances du débardeur

Je regrette mon temps, je regrette le lierre
Où le charmant garçon s'enroulait ingénu.
Je regrette l'amour des belles journalières

Je regrette Corfou que je n'ai point connu
Je regrette Paris, je regrette les Ternes
Je regrette Venise et son affreux Lido
Mais ne regrette point ô palmes indécises
D'avoir été celui qui porte le fardeau.

(1924)

De MATHIAS LÜBECK, les dessins burlesques et les poèmes enchantaient ses amis : Max Jacob, Cocteau, Radiguet (qui est le « Raymond de la famille Adolphe » du poème, c'est-à-dire dans la lignée Benjamin Constant). L'un des fondateurs de la revue *L'Œuf Dur* (1921-1924). Fusillé par les nazis. Gérard Rosenthal a réuni quelques-uns de ses textes (dont les deux poèmes qu'on vient de lire) dans *Poèmes et proses de « l'Œuf Dur »*, Julliard (« Lettres nouvelles »), 1963.

CLEMENT MAROT
(1496-1544)

De Frère Lubin

Pour courir en poste à la ville
Vingt fois, cent fois, ne sais combien ;
Pour faire quelque chose vile,
Frère Lubin le fera bien ;
Mais d'avoir honnête entretien
Ou mener vie salutaire,
C'est à faire un bon chrétien,
Frère Lubin ne le peut faire.

Pour mettre, comme un homme habile,
Le bien d'autrui avec le sien,
Et vous laisser sans croix ni pile,
Frère Lubin le fera bien ;
On a beau dire, je le tiens :
Et le presser de satisfaire,
Jamais ne vous en rendra rien,
Frère Lubin ne le peut faire.

Pour débaucher par un doux style
Quelque fille de bon maintien,
Point ne faut de vieille subtile,
Frère Lubin le fera bien.
Il prêche en théologien,
Mais pour boire de belle eau claire,
Faites-la boire à votre chien,
Frère Lubin ne le peut faire.

Envoi

Pour faire plutôt mal que bien,
Frère Lubin le fera bien ;
Et si c'est quelque bonne affaire,
Frère Lubin ne le peut faire.

(*Ballades*)

ROBERT DE MONTESQUIOU
(1855-1921)

Le dos et la dèche

J'ai un gniasse qu'est chouette un brin ;
On l'paîrait cher à Forain
Mais pac'qu'il est dans mon pieu
        Personn' n'en veut !
Nom de Dieu y a pas d'bon Dieu !

. . . .

Cré nom de Dieu v'là que j'tousse
        Faut qu'je m'couche
Pour aut'chose que d'rigoler
        J'vas m'n'aller

Chez l'bon Dieu décidément...
— Mais avant faut q'j'aill' chez Rose.
P'têt' bien qu'ell' donn'ra quéqu'chose
Pour payer mon enterr'ment !

Ce pastiche de Jean Richepin, plutôt inattendu, fut écrit par Robert de Montesquiou en marge de son exemplaire de la *Chanson des gueux.* Publié seulement en 1926 (*Anthologie du pastiche,* de Deffoux et Dufay). Assez étonnant dans l'œuvre de l'évanescent symboliste...

PAUL MORAND
(1888-1976)

Beauty-parlor

car c'est la beauté qui parle ici.
Profitez de l'entrée libre, sous le sol.
Bleu, blanc, rouge,
ces couleurs m'exaltent, car
ce sont celles des coiffeurs américains.
Il y a des glaces partout ;
elles ne renvoient jamais la même chose ;

c'est bien plus fort que Giotto.
Dans ce paysage de nickel et d'émail blanc,
il arrive au cuir chevelu,
aux ongles,
à l'épiderme,
des aventures atroces.
Sous les faisceaux de projecteurs de cuirassés,
derrière ces vitrines,
il y a des opérations dont dépend la vie même de la beauté !
On renverse les hommes
bâillonnés de serviettes fumantes d'où ne sort que le nez,
sur des chevalets articulés,
et on leur fait
des choses coupantes, brûlantes, mortifiantes
à la fois,
sur tout le corps.
A chaque main, une manucure s'attache,
qui retient les patients au sol.
Ils ne peuvent rien sentir
parce qu'on leur a enlevé leur âme
pour la désinfecter.
Des joueurs de tennis à visière verte
scalpent des jeunes filles, lionnes totémiques
et écrasent de leurs talons en caoutchouc
ces cheveux floches
litière en paille de maïs.
Je n'ose les ramasser et en mettre plein ma poche.

Un nègre passe en revue les bottines,
d'un air sévère,
et fait à la craie des croix sous les semelles,
décidant qui sera mangé.

(*U.S.A.*, 1927, copyright Paul Morand
et éditions Gallimard)

ALFRED DE MUSSET
(1810-1856)

Les marrons du feu
(*Extrait*)

(L'abbé Annibal Desiderio, qui est épris de la Camargo, lui apprend que Rafaël la trompe...)

CAMARGO

Abbé, je veux du sang ! J'en suis plus altérée
Qu'une corneille au vent d'un cadavre attirée.
Il est là-bas, dis-tu ? cours-y donc, — coupe-lui
La gorge, et tire-le par les pieds jusqu'ici.
Tords-lui le cœur, abbé, de peur qu'il n'en réchappe.
Coupe-le en quatre, et mets les morceaux dans la nappe !
Tu me l'apporteras, et puisse m'écraser
La foudre, si tu n'as par blessure un baiser !
Tu tressailles, Romain ? C'est une faute étrange
Si tu te crois ici conduit par ton bon ange !
Le sang te fait-il peur ? Pour t'en faire un manteau
De cardinal, il faut la pointe d'un couteau.
Me jugeais-tu le cœur si large, que j'y porte
Deux amours à la fois, et que pas un n'en sorte ?
C'est une faute encor ; mon cœur n'est pas si grand,
Et le dernier venu ronge l'autre en entrant.
(...)

L'ABBÉ

Mais je me bats
Avec lui demain, moi. Cela ne se peut pas ;
Attendez à demain, madame.

CAMARGO

Et s'il te tue ? —
Demain ! et si j'en meurs ? — Si je suis devenue
Folle ? — Si le soleil, se prenant à pâlir,
De ce sombre horizon ne pouvait pas sortir ?
On a vu quelquefois de telles nuits au monde. —
Demain ! le vais-je attendre à compter par seconde

Les heures sur mes doigts, ou sur les battements
De mon cœur, comme un juif qui calcule le temps
D'un prêt ? — Demain ensuite, irai-je pour te plaire
Jouer à croix ou pile, et mettre ma colère
Au bout d'un pistolet qui tremble avec ta main ?
Non pas. — Non ! Aujourd'hui est à nous, mais demain
Est à Dieu !

L'ABBÉ

Songez donc...

CAMARGO

Annibal, je t'adore !
Embrasse-moi ! *(Il se jette à son cou.)*

L'ABBÉ

Démons ! !

CAMARGO

Mon cher amour, j'implore
Votre protection. — Voyez qu'il se fait tard. —
Me refuserez-vous ? — Tiens, tiens, prends ce poignard.
Qui te verra passer ? Il fait si noir !

L'ABBÉ

Qu'il meure,
Et vous êtes à moi ?

CAMARGO

Cette nuit.

L'ABBÉ

Dans une heure.
Ah ! je ne puis marcher. — Mes pieds tremblent. — Je sens,
Je — je vois...

CAMARGO

Annibal, je suis prête, et j'attends.

(Cette comédie bouffe fait partie des *Premières poésies* de MUSSET.)

RENE DE OBALDIA
(né en 1918)

O terreur inconnue, O remuantes Alpes !
Horloges dans la nuit dont le tic-tac vous scalpe.
Un calme délirant et qui tombait des cieux
Voulait me faire croire à l'absence des Dieux !
Le sommeil, beau navire, avait hissé ses voiles ;
J'entendais respirer les tremblantes étoiles.
Cependant, tout en moi refusait de dormir,
Saisie par l'effroi plus que par le plaisir...
L'homme qui m'honorait reposait sur ma couche,
Promis à l'abandon, et le poing dans la bouche.
Que j'en ai vu déjà : mâles prompts et défaits
S'abîmer follement dans des douceurs de lait !
(Le plus rude marchand, sur le sein d'une femme,
Redevient un enfant en quête de son âme.)
Ne pouvant fermer l'œil, j'ouvrais grand mon esprit,
Tentant d'analyser l'angoisse qui me prit ;
Mais en vain. Le ciel pur, permis par la fenêtre,
Incitait à la paix de l'être et du non-être.
O Nature trompeuse, O le cruel répit,
Dans la blanche clarté le noir Mississipi !
Voilà que tel un chant, tel un écho funèbre
J'entends autour de moi remuer les ténèbres.
Ce ne sont que soupirs, plaintes, gémissements,
Qu'on ne saurait confondre avec ceux des amants.
Je me dresse à demi — à demi morte et moite —
Mon corps n'est plus le corps qu'un vain peuple convoite !
Une clameur intense ainsi qu'un ouragan
Retentit tout à coup et me glace le sang.
L'instinct le plus puissant a raison de mon trouble :
D'un bond, je suis en bas. Et, dans un état double,
Je rampe sous le lit, me cachant bel et bien.
Déjà la porte s'ouvre, et le pauvre chrétien
Voit surgir devant lui Comanches et Caciques
Avec des oiseaux peints sur cages thoraciques.
C'en est fait, il n'est plus. Ou plutôt, il est deux :
Son chef, d'un coup tranché, tombe en sonnant le creux.
Et, comble de l'horreur, cette boule vivante
Roule, roule vers moi son fantôme d'amante.

Sous le lit ténébreux je dois, avec mes mains,
Repousser ce regard qui n'a plus rien d'humain !
Les Rouges, satisfaits, dans un fracas de plumes
Courent en d'autres lieux installer leurs coutumes.
La ville tout entière est comme un lit fumant
Où le viol et le sang narguent le firmament.
Et voici que la nuit (O Monstres polygames !)
Délivre de son sein un océan de flammes.
Pancho ! Pancho City ! Gigantesque brasier,
Quel crime as-tu commis à ce point expié ?
A l'atroce lueur qui me fait son aumône,
Je me vêts et m'enfuis, pareille à « l'Amazone
Au sein nu », les cheveux dénoués et sans frein :
Tableau que tout artiste a rêvé d'avoir peint.
Dehors, un vent de feu me lèche le visage.
Il me saute à la gorge une odeur de carnage.
Les barbares précis, fondant comme l'éclair,
N'ont laissé derrière eux qu'un atroce désert :
Cadavres mutilés et surpris, pêle-mêle,
Enfants violacés encore à la mamelle,
Innocents et pécheurs poussant un dernier couac
Leurs visages fendus à coups de tomahawks !
J'avance, telle une ombre, une ombre mal famée
Sur laquelle tombent des poutres enflammées.
Je bondis, je halète ; il me semble parfois
Que des lambeaux de chair courent derrière moi.
Une main dans les airs, avec ses doigts qui sifflent
Vole vers une étoile et lui donne une gifle.
Plus loin, c'est tout à coup une meute de rats
Qui, de leurs yeux pointus, détaillent mes appâts !
Je chancelle, je vais, je hurle, je défaille,
Je... Je tombe à genoux sur de chaudes entrailles !
Dans ma tête fêlée une cloche de feu
Sonne l'enterrement des hommes et des Dieux...

(*Du vent dans les branches de sassafras,*
Grasset, éditeur, 1966)

A la fois le récit de Théramène et le songe d'Athalie...

CHARLES D'ORLEANS
(1394-1465)

Les amants trompeurs

A qui vendez vous voz coquilles
Entre vous, amans pelerins ?
Vous cuidez bien, par voz engins,
A tous pertuis trouver chevilles.

Sont ce coups d'esteufs ou de billes
Que ferez, tesmoing voz voisins ?
A qui vendez vous voz coquilles,
Entre vous, amans pelerins ?

On congnoist tous voz tours d'estrilles
Et bien clerement voz latins ;
Trotez, reprenez voz patins
Et troussez voz sacs et voz quilles.
A qui vendez vous voz coquilles ?

GEORGES PEREC
(1936-1982)

Chanson par un fils adoptif du commandant Aupick

Sois soumis, mon chagrin, puis dans ton coin sois sourd
Tu la voulais, la nuit, la voilà, la voici
Un air tout obscurci a chu sur nos faubourgs
Ici portant la paix, là-bas donnant souci.

Tandis qu'un vil magma d'humains, oh, trop banals,
Sous l'aiguillon Plaisir, guillotin sans amour,
Va puisant son poison aux puants carnavals,
Mon chagrin, saisis-moi la main ; là, pour toujours

Loin d'ici. Vois s'offrir sur un balcon d'oubli,
Aux habits pourrissants, nos ans qui sont partis ;
Surgir du fond marin un guignon souriant ;

Apollon moribond s'assoupir sous un arc
Puis ainsi qu'un drap noir traînant au clair ponant
Ouïs, Amour, ouïs la Nuit qui sourd du parc.

(*La Disparition,* coll. « Lettres Nouvelles »,
Denoël éditeur, 1969)

La Disparition, roman sans e mais non sans humour, comme en témoigne cette parodie de Baudelaire qu'on y trouve.

BENJAMIN PERET
(1899-1959)

S'essouffler

A Max Morise.

Ah fromage voilà la bonne madame
Voilà la bonne madame au lait
Elle est du bon lait du pays qui l'a fait
Le pays qui l'a fait était de son village

Ah village voilà la bonne madame
Voilà la bonne madame fromage
Elle est du pays du bon lait qui l'a fait
Celui qui l'a fait était de sa madame

Ah fromage voilà du bon pays
Voilà du bon pays au lait
Il est du bon lait qui l'a fait du fromage
Le lait qui l'a fait était de sa madame

(*Le Grand Jeu,* Gallimard éditeur, 1969)

JEAN PEROL
(né en 1932)

Quel triomphe ?

Poussière et béton vive la matière
maisons et tétons vive la poussière
engrais et fumier vive la lumière
vive la matière !

hein mémères hein grands-pères
divans galons millions
ô esprit lumière poussière !
quel triomphe ? où donc ?
béton prisons tétons
vive la matière !

(*L'Atelier*, Guy Chambelland éditeur, 1961)

Parmi les titres d'une œuvre où l'humour s'exprime rarement d'une manière si directe, citons *Le Point Vélique* (Chambelland), *Le Cœur véhément, Ruptures* et *Maintenant les soleils* (Gallimard).

RAYMOND QUENEAU
(1903-1976)

Encore l'art po

C'est mon po — c'est mon po — mon poème
Que je veux — que je veux — éditer
Ah je l'ai — ah je l'ai — ah je l'aime
Mon popo — mon popo — mon pommier

Oui mon po — oui mon po — mon poème
C'est à pro — à propos — d'un pommier
Car je l'ai — car je l'ai — car je l'aime
Mon popo — mon popo — mon pommier

Il donn' des — il donn' des — des poèmes
Mon popo — mon popo — mon pommier
C'est pour ça — c'est pour ça — que je l'aime
La popo — la popomme — au pommier

Je la sucre — et j'y mets — de la crème
Sur la po — la popomme — au pommier
Et ça vaut — ça vaut bien — le poème
Que je vais — que je vais — éditer

(*Le Chien à la mandoline,* Gallimard éditeur, 1965)

FRANÇOIS RABELAIS
(1494-1553)

Comment Pantagruel rompit les Andouilles aux genoux

Tant approchèrent ces Andouilles que Pantagruel aperçut comme elles déployaient leurs bras et déjà commençaient baisser lances. Alors envoie Gymnaste entendre ce qu'elles voulaient dire, et sur quelle querelle elles voulaient sans défi guerroyer contre leurs amis antiques, qui en rien n'avaient méfait ni médit. Gymnaste au-devant des premières files fit une grande et profonde révérence, et s'écria tant qu'il put, disant : « Vôtres, vôtres, vôtres sommes-nous trestous, et à commandement. Tous tenons de Mardi-gras, votre antique confédéré. » Certains m'ont raconté depuis qu'il dit Gradimars, non Mardigras. Quoi qu'il en soit, à ce mot un gros cervelas sauvage et farfelu, anticipant devant le front de leur bataillon, le voulut saisir à la gorge. « Par Dieu, dit Gymnaste, tu n'y entreras qu'en morceaux, ainsi entier ne pourrais-tu. » Si tire son épée. Baise-moncul, ainsi la nommait-il, à deux mains, et trancha le cervelas en deux pièces. Vrai Dieu, qu'il était gras ! Il me souvint du gros taureau de Berne, qui fut à Marignan tué à la défaite des Suisses [1]. Croyez qu'il n'avait guère moins de quatre doigts de lard sur le ventre. Ce cervelas écervelé, coururent Andouilles sur Gymnaste, et le terrassaient vilainement, quand Pantagruel avec ses gens accourut à grands pas au secours. Alors commença le combat martial pêle-mêle : Riflandouille riflait Andouilles. Tailleboudin taillait boudins. Pantagruel rompait les Andouilles aux genoux. Frère Jean se tenait coi dans sa truie, voyant et considérant tout, quand les godiveaux, qui étaient en embuscade, sortirent tous en fracas sur Pantagruel. Alors voyant frère Jean le désarroi et tumulte, ouvre les portes de sa truie, et sort avec ses bons soudards, les uns portant broches de fer, les autres tenant landiers, chenêts, poêles, pelles, chaudrons, grils, fourgons, tenailles, lèchefrites, balais, marmites, mortiers, pilons, tous en ordre comme brûleurs de maison, hurlant et criant tous ensemble épouvantablement : *Nabuzardan ! Nabuzardan ! Nabuzardan !*

1. Voyez le premier chapitre de *Pantagruel*.

JEAN RICHEPIN
(1849-1926)

Sonnet bigorne

Luysard estampillait six plombes,
Mezigo roulait le trimard,
Et jusqu'au fond du coquemart
Le dardant riffaudait ses lombes.

Lubre, il bonissait aux palombes :
« Vous grublez comme un guichemard. »
Puis au sabri : « Birbe camard,
« Comme un ord champignon tu plombes. »

Alors aboula du sabri,
Moure au brisant comme un cabri,
Une fignole gosseline,

Et mezig, parmi le grenu
Ayant rivanché la frâline,
Dit : « Volants, vous goualez chenu. »

(*La Chanson des Gueux*)

Ballade du Roi des Gueux

Venez à moi, claquepatins,
Loqueteux, joueurs de musettes,
Clampins, loupeurs, voyous, catins,
Et marmousets, et marmousettes,
Tas de traîne-cul-les-housettes,
Race d'indépendants fougueux !
Je suis du pays dont vous êtes :
Le poète est le Roi des Gueux.

Vous que la bise des matins,
Que la pluie aux âpres sagettes,
Que les gendarmes, les mâtins,
Les coups, les fièvres, les disettes
Prennent toujours pour amusettes,
Vous dont l'habit mince et fongueux
Paraît fait de vieilles gazettes,
Le poète est le Roi des Gueux.

Vous que le chaud soleil a teints,
Hurlubiers dont les peaux bisettes
Ressemblent à l'or des gratins,
Gouges au front plein de frisettes,
Montagnards nus sans chemisettes,
Vieux à l'œil cave, au nez rugueux,
Au menton en casse-noisettes,
Le poète est le Roi des Gueux.

Envoi

O Gueux, mes sujets, mes sujettes,
Je serai votre maître queux.
Tu vivras, monde qui végètes !
Le poète est le Roi des Gueux.

(*La Chanson des Gueux*)

Pleine eau

Les bain' à quat' sous,
Voyez-vous,
C'est fait pour les gens riches.
Moi qu'a pas l'moyen
Nom d'un chien !
Quand j'veux tremper mes guiches,
Gratis pro Deo
Sans bateau
J' m'en vas faire un' pleine eau.

Les bain' à quat' sous,
Voyez-vous,
C'est plein qu'ça en débonde.
L'goujon qu'on y j'tt'rait
Y crèv'rait.
Gna pas d'eau pour tout l'monde.
C'est pour ça qu' c'est cher :
On a l'air
D'y nager dans d' la chair.

Les bain' à quat' sous,
Voyez-vous,
Chacun y laiss' sa trace.
C'est pas drôl', ma foi,
Quan' on boit,
D' gober un bouillon d'crasse,
Ça vous met dans l'cœur
Une odeur
Comm' d'égout collecteur.

Les bain' à quat' sous,
Voyez-vous,
On n'y trouv' pas d'verdure.
Moi j'aime en plein air,
Comme un ver,
Et' vu par la nature.
Lorsqu'entre deux eaux
J' vas su' l' dos,
J'aim' sentir les roseaux.

Les bain' à quat' sous,
Voyez-vous,
Ont un fond d'bois qu'est traître.
Moi qui prends mon bain
Chaqu' matin,
Et qui m'y noy'rai p't-être,
J' veux pour mon sommeil
L' fond vermeil
Où qu'miroite l'soleil.

(*La Chanson des Gueux*, 1875)

Ce livre de Jean Richepin est encore célèbre, mais ce sont ses romans qui, portés à la scène, firent pleurer Margot sous le Second Empire.

ARTHUR RIMBAUD
(1854-1891)

Le cœur volé

Mon triste cœur bave à la poupe,
Mon cœur couvert de caporal :
Ils y lancent des jets de soupe,
Mon triste cœur bave à la poupe :
Sous les quolibets de la troupe
Qui pousse un rire général,
Mon triste cœur bave à la poupe.
Mon cœur couvert de caporal !

Ithyphalliques et pioupiesques,
Leurs quolibets l'ont dépravé !
Au gouvernail on voit des fresques
Ithyphalliques et pioupiesques.
O flots abracadabrantesques,
Prenez mon cœur, qu'il soit lavé !
Ithyphalliques et pioupiesques,
Leurs quolibets l'ont dépravé !

Quand ils auront tari leurs chiques,
Comment agir, ô cœur volé ?
Ce seront des hoquets bachiques
Quand ils auront tari leurs chiques :

J'aurai des sursauts stomachiques,
Moi, si mon cœur est ravalé :
Quand ils auront tari leurs chiques
Comment agir, ô cœur volé ?

(*Poésies*)

Oraison du soir

Je vis assis, tel qu'un ange aux mains d'un barbier,
Empoignant une chope à fortes cannelures,
L'Hypogastre et le col cambrés, une Gambier
Aux dents, sous l'air gonflé d'impalpables voilures.

Tels que les excréments chauds d'un vieux colombier,
Mille Rêves en moi font de douces brûlures :
Puis, par instants, mon cœur triste est comme un aubier
Qu'ensanglante l'or jeune et sombre des coulures.

Puis, quand j'ai ravalé mes Rêves avec soin,
Je me tourne, ayant bu trente ou quarante chopes,
Et me recueille, pour lâcher l'âcre besoin :

Doux comme le Seigneur du cèdre et des hysopes,
Je pisse vers les cieux bruns, très haut et très loin,
Avec l'assentiment des grands héliotropes.

(*Poésies*)

ANTOINE GIRARD DE SAINT-AMANT
(1594 ? - 1661)

La pipe

Assis sur un fagot, une pipe à la main,
Tristement accoudé contre une cheminée,
Les yeux fixes vers terre, et l'âme mutinée,
Je songe aux cruautés de mon sort inhumain.

L'espoir, qui me remet du jour au lendemain,
Essaye à gaigner temps sur ma peine obstinée,
Et, me venant promettre une autre destinée,
Me fait monter plus haut qu'un empereur romain.

Mais à peine cette herbe est-elle mise en cendre,
Qu'en mon premier estat il me convient descendre,
Et passer mes ennuis à redire souvent :

Non, je ne trouve point beaucoup de différence
De prendre du tabac à vivre d'espérance,
Car l'un n'est que fumée, et l'autre n'est que vent.

L'énamouré

Parbieu ! j'en tiens, c'est tout de bon,
Ma libre humeur en a dans l'aile,
Puisque je préfère au jambon
Le visage d'une donzelle.
Je suis pris dans le doux lien
De l'archerot idalien.
Ce dieutelet, fils de Cyprine,
Avecques son arc my-courbé,
A feru ma rude poitrine
Et m'a fait venir à jubé *.
Mon esprit a changé d'habit :
Il n'est plus vestu de revesche ;
Il se r'affine et se fourbit
Aux yeux de ma belle chevesche.
Plus aigu, plus clair et plus net
Qu'une dague de cabinet,
Il estocade la tristesse,
Et, la chassant d'autour de soy,
Se vante que la politesse
Ne marche plus qu'avecques moy.
Je me fay friser tous les jours,
On me relève la moustache ;
Je n'entrecoupe mes discours
Que de rots d'ambre et de pistache ;

J'ai fait banqueroute au pétun * ;
L'excès du vin m'est importun ;
Dix pintes par jour me suffisent ;
Encore, ô falotte beauté
Dont les regards me déconfisent,
Est-ce pour boire à ta santé !

(*Œuvres,* édition de 1855)

* *Venir à jubé* : être vaincu ; le *pétun* : le tabac.

L'un des meilleurs *libertins* du temps de Louis XIII, avec Théophile de Viau.

MELLIN DE SAINT-GELAIS
(1491-1558)

Il n'est point tant de barques à Venise,
D'huistres à Bourg, de lièvres en Champaigne,
D'ours en Savoye, et de veaux en Bretaigne,
De cygnes blancs le long de la Tamise,

Ne tant d'amours se traitant en l'eglise,
De differends aux peuples d'Alemaigne,
Ne tant de gloire à un seigneur d'Espaigne,
Ne tant se trouve à la cour de feintise,

Ne tant y a de monstres en Afrique,
D'opinions en une republique
Ne de pardons à Romme aux jours de feste,

Ne d'avarice aux hommes de pratique,
Ne d'arguments en une Sorbonique,
Que m'amie a de lunes en la teste.

Il *italianise* avant Ronsard et dans tous les genres ; il *humorise* comme son maître Clément Marot.

JEAN TARDIEU
(né en 1903)

La belle fête

L'étoile qui tombit
— Pardieu la belle fête !
l'étoile qui tombit
le cheval qui sautit
le fleuve qui coulit
ils m'ont donné à rire
ils m'ont donné à rire
Bell'dame !
à rire et à chanter.

La branche qui cassit
— Pardieu la belle fête !
la branche qui cassit
le cheval qui chutit
le char qui se rompa
le pont qui s'écroulit,
ils m'ont point tant fait rire,
ils m'ont point tant fait rire,
Bell'dame !
tant rire que trembler.

La dame qui passit
— Pardieu la belle fête !
la dame qui passit
la main qui se tenda
le baiser que je pris
m'ont donné à sourire
m'ont donné à sourire,
Bell'dame !
sourire et oublier.

Et ceux qui s'en allit
— Pardieu la belle fête !
et ceux qui s'en allit
qui s'en allit d'la fête
et ceux qui s'endormit

avant la fin de la fête
ils m'ont donné à dire
à dire et à rien dire
Bell'dame !
rien dire et puis pleurer.

A la Saint-Jean d'ici
— Pardieu la belle fête !
A la Saint-Jean d'ici
comme j'étions venu
la tête et les pieds nus
je m'en repartirai.
A la fête d'ici
j'étions venu pour rire
j'étions venu pour rire
Bell'dame !
et pour m'en retourner.

(*Le Fleuve caché,* **Gallimard éditeur, 1968**)

HENRI THOMAS
(né en 1912)

Ma tombe

Ma tombe voyage, un jour elle est là,
sous les peupliers, à peine indiquée,
un jour ici, quel vaste mausolée,
le marbre au granit mêle son éclat !
C'est aussi la mer, c'est aussi le feu,
tantôt j'y suis seul, tantôt j'y suis deux,
entortillé dans une chevelure,
on est bien ensemble, on est des Lémures.
On m'a mis aussi sur la ronde tour
festin pour le soleil et le vautour,
On m'a mis aussi dans la jarre peinte
après quantité de pratiques saintes,
On m'a mis aussi... Mais c'est un mystère.
J'ai mille tombeaux sur la vieille terre.

(*Le Monde absent,* **Editions Gallimard**)

Les montagnes de la Corse

Est-ce une belle fille ou la vieille au dos rond
Qui s'éloigne du puits, plus lourde d'un seau d'eau ?
Elle porte un éclat pris au cristal du fond,
Je vois briller la chaîne où manquent des anneaux :

C'est le torrent tombant de rocher en rocher.
Je continue à voir une étoile bouger.
Une femme l'emporte : est-ce pour la cuisine,
Ou pour baigner un corps de rose et d'aubépine ?

Je suis si loin, si haut, que je vois le village
Comme un troupeau se blottissant avant l'orage,
Comment distinguerais-je une enfant de seize ans
De la vieille, quand l'eau me semble un diamant ?

Assez. Cherchons ailleurs l'objet qui nous suffise.
Je suis une statue au sommet de l'église.
Le ciel est bleu, je vois au loin la mer que j'aime,
Et lui laisse le soin d'augmenter mon poème.

(*Nul désordre,* Editions Gallimard)

Ces poèmes ont été repris par Henris Thomas dans le recueil de ses *Poésies* (collections *Poésie*/N.R.F., Gallimard, 1970).

PAUL-JEAN TOULET
(1867-1920)

L'alchimiste

Satan, notre meg, a dit
Aux rupins embrassés des rombières :
« Icicaille est le vrai paradis
« Dont les sources nous désaltèrent.

« La vallace couleur du ciel
« Y lèche le long des allées
« Le Pavot chimérique et le bel
« Iris, et les fleurs azalées.

« La douleur, et sa sœur l'Amour,
« La luxure aux chemises noires
« Y préparent pour vous, loin du jour,
« Leurs poisons les plus doux à boire.

« Et tandis qu'aux portes de fer
« Se heurte la jeune espérance,
« Une harpe dessine dans l'air
« Le contour secret du silence. »

Ainsi (à voix basse) parla
Le sorcier subtil du Grand Œuvre,
Et Lilith souriait, dont les bras
Sont plus frais que la peau des couleuvres.

(*Les Contrerimes,* copyright éditions Emile-Paul)

THEOPHILE DE VIAU
(1590-1626)

Je songeois que Philis, des Enfers revenue,
Belle comme elle estoit à la clarté du jour,
Vouloit que son phantosme encore fist l'amour,
Et que comme Ixion, j'embrassasse une nue.

Son ombre dans mon lit se glissa toute nue,
Et me dit : « Cher Thyrsis, me voicy de retour :
Je n'ay fait qu'embellir en ce triste sejour
Où depuis ton départ, le sort m'a retenue.

Je viens pour rebaiser le plus beau des amans
Je viens pour remourir dans tes embrassemens. »
Alors que cette idole eut abusé ma flamme,

Elle me dit : « Adieu, je m'en vay chez les morts ;
Comme tu t'es vanté d'avoir baisé mon corps
Tu pourras te vanter d'avoir baisé mon âme. »

Sa vie, et ses idées, faillirent voir le bûcher : Théophile sentait le fagot ; il fut, pourtant mort jeune, l'un des poètes les plus remarqués de son temps. Pour nous, l'un des meilleurs.

WATRIQUET DE COUVIN
(début du XIVe siècle)

Fatrasie

Doucement me réconforte
Celle qui mon cœur a pris.

Doucement me réconforte
Une chatte à moitié morte
Qui chante tous les jeudis
Une alleluye si forte
Que li clichés de no porte
Dist que siens est li lendis ;
S'en fu uns leus si hardis
Qu'il ala maugré sa sorte
Tuer Dieu en paradis,
Et dist : « Compains, je t'aporte
Celle que mon cœur a pris. »

Pour la fin, un charmant exemple de ce par quoi nous aurions dû naturellement commencer, et qui fut, sans doute, le début de l'humour dans la poésie française (mais aussi, Watriquet était Wallon).

Poesie 1

LIVRE II

LA NOUVELLE POESIE COMIQUE

par

JEAN ORIZET

Ce *livre II* est un « tiré à part » de la revue POESIE I : « La nouvelle poésie comique ».

RIRE EN POESIE

Le rire, expression de la joie. Sentiment de la liberté. Ironie supérieure.

PAUL CLAUDEL
(« Journal »)

« Comique » dit Littré : ce qui fait rire. Tel doit être le rôle de la poésie comique : déclencher le rire, ou du moins le sourire, lequel, selon la jolie définition d'un humoriste, est « Le rire de ceux qui attendent ou de ceux qui se souviennent ».

ASPECTS DU COMIQUE

Le comique, à l'égal de l'humour, jaillit à travers le prisme de nuances diverses. Celui-ci se veut blanc, rose, gris ou noir, quand celui-là se préfère gai, triste, burlesque ou grinçant. Ainsi des clowns.

Mais il est toujours, et par essence même, humain. *Bergson, dans son célèbre essai, tient cette caractéristique pour fondamentale. C'est dans ce sens qu'il faut interpréter l'adage : le rire est le propre de l'homme.*

Un autre aspect important du comique est qu'il s'adresse à l'intelligence, non au cœur. D'où l'on serait tenté de conclure, avec quelque perfidie : qui ne sait rire est un sot.

Enfin, dans la mesure où il se développe au sein de la société — son milieu naturel — le comique trouve l'essentiel de sa substance dans le quotidien, la vie de tous les jours. Nombre de ces poèmes le montrent à l'évidence.

Mais que nul ne s'y trompe : le comique sait être terrible parce qu'impitoyable ; d'où ses toniques vertus de réflexion et de sagesse.

LES NOUVEAUX POETES COMIQUES

La plupart des poètes présentés ici sont encore parmi nous, puisque leur œuvre se développe depuis l'après-guerre. Quelques-uns, pourtant, nous ont déjà quittés, trop tôt bien sûr : Gaston Chaissac, Louis Foucher, André Frédérique, Boris Vian, Paul Vincensini.

D'autres, en revanche, « débutent » dans la carrière : Serge Baudot, tout comme Michel Deville, le cinéaste que l'on connaît, ou Jacques Meunier.

Avec des styles très divers, représentant tous les types de comique évoqués plus haut, les uns et les autres doivent à notre seule fantaisie d'être réunis dans ce petit livre : leur esprit a su titiller le nôtre avec bonheur ! C'est dire combien ce choix est subjectif. Mais pour ce genre d'anthologie, nous n'en connaissons pas de meilleur.

Il reste que tous, pensons-nous, se situent dans la grande tradition de la poésie française du rire. Celle-là même qui, depuis les farces, sotties et fabliaux du Moyen Age, jusqu'à nos humoristes des XVIIIe *et* XXe *siècles, sans oublier la «Substantifique moelle » rabelaisienne, dilate notre rate en irriguant notre cerveau.*

Chez certains, la veine comique constitue l'essentiel de l'œuvre (L'Anselme, Frédérique, Obaldia, Bacri, Crocq). Chez d'autres (Vian, Foucher, Dubillard, Boulanger), elle n'en est qu'une facette, non moins percutante pour cela.

Notons que trois de ces poètes — Dubillard, Frédérique et Obaldia — figuraient déjà dans La poésie française d'humour *de Claude Michel Cluny. C'est qu'en vérité, la frontière entre humour et comique n'est pas facile à tracer. En existe-t-il même une ? N'oublions pas que le mot « humour » est un vocable anglo-saxon qui signifie : gaieté d'imagination, veine comique. Alors ?*

Il s'agit moins, pensons-nous, d'une différence de nature que de degré : le comique serait au premier degré ; l'humour au second ou au troisième — voire davantage —. L'on pourrait trouver sans doute vingt autres explications, mais là n'est pas notre propos.

Ce panorama ne se prétend pas exhaustif. Sans doute, quelques poètes encore inconnus de nous, manquent ici à l'appel. Qu'ils sachent à quel point nous regrettons de les avoir momentanément laissés de côté, fût-ce à notre corps défendant. De telles lacunes, le temps et la patience sauront les combler. Nous ne voulons négliger aucune chance de mettre tous les rieurs dans notre camp. Aussi, une anthologie plus étoffée que celle-ci aura-t-elle probablement son heure[1].

A la limite, il serait sans doute possible de trouver, chez presque tous les poètes d'envergure, un certain nombre de textes dignes de nous exciter le zygomatique.

Ainsi, le hasard des lectures nous a-t-il fait découvrir dans le torrent

---

1. Voir *L'Humour des poètes* de Jean Orizet (Le Cherche-Midi éditeur, 1981).

verbal d'un Audiberti, grand lyrique plutôt sérieux, ce petit chef-d'œuvre de drôlerie macabre :

Au bord de la Bérésina
je campe avec la jeune Anna,
belle enfant à la bouche fraîche.
Quelquefois, le soir, pour dîner,
elle nous fait un grenadier
qu'entre les glaçons je lui pêche [1].

On pourrait multiplier à l'envi de tels exemples ; mais n'anticipons pas !

LES GRANDS AINES : PREVERT, QUENEAU, TARDIEU

Trois grands aînés, que le siècle a vu naître, ont leur place dans cette présentation : Prévert, Queneau, Tardieu. Leur œuvre, antérieure, pour une part, à l'année 1945, (limite « historique » que nous nous sommes fixé pour ce livre) les empêche de figurer au sommaire. Mais leur poésie narquoise et sarcastique les désigne tout naturellement à notre attention.

Jacques Prévert est le phénomène unique de la poésie contemporaine, avec plus d'un million d'exemplaires vendus de son deuxième recueil, le plus célèbre, Paroles, *édité en 1948. Pour tout un grand public, il est LE Poète, même si, comme l'écrit Jean Rousselot dans son dictionnaire de la poésie française contemporaine, « il n'a pas fait gagner un seul lecteur à la poésie " exigeante " ». Mais dans le genre humour caustique, Prévert reste le maître.*
Qu'il s'en prenne à l'armée :

LE DERNIER CARRE

Un alcoolonel d'infanterie tropicale
frappé d'hémyplégie anale
s'écroule dans le tourniquet aux tickets
bloquant à lui seul
l'entrée de toute une exposition coloniale.

---

1. *Ange aux entrailles* (Gallimard, 1964).

Ses dernières paroles :
« Ils ne passeront pas »[1].

ou à la religion :

LES MYSTERES DE SAINT-PHILIPPE-DU-ROULE

Poursuivi par une chaisière
un bâton de chaise s'enfuit
pour aller vivre sa vie
Un fidèle distrait va s'asseoir
sur la chaise maintenant à trois pieds
Il s'écroule
On le relève à la fin de la Messe
le tronc fracturé
Et de ce tronc s'échappent des milliers de pièces de monnaie qui roulent
[sur les dalles
Un vrai scandale ![1]

tout est matière à démystification

Queneau, lui, joue d'un registre plus amer, plus désabusé peut-être, mais où la gouaille est toujours présente. Il se prend au tragique mais non pas au sérieux.

Ce poète, plus que tout autre, pourrait faire sien le mot fameux : je me hâte d'en rire, de peur d'être obligé d'en pleurer. La poésie elle-même devient sa tête de turc :

Bon dieu de bon dieu que j'ai envie d'écrire un petit poème
Tiens en voilà justement un qui passe
Petit petit petit
Viens ici que je t'enfile
Sur le fil du collier de mes autres poèmes
viens ici que je t'entube
dans le comprimé de mes œuvres complètes
viens ici que je t'enpapouète
et que je t'enrime
et que je t'enrythme
et que je t'enlyre
et que je t'enpégase

---

1. *Spectacle* (Gallimard, 1951).

et que je t'enverse
et que je t'enprose

la vache
il a foutu le camp [1].

Parfois le ton se fait plus mesuré, la sensibilité, toujours à fleur de peau, reprend le dessus et, avec elle, une authentique poésie, qui nous donne envie, non pas de sourire, mais de rire doucement :

Au petit jour naît la petite aube, la microaube
puis c'est le soleil bien à plat sur sa tartine
il finit par s'étaler, on le bat avec le blanc des
[nuages
et la farine des fumées de la nuit
et le soir meurt, la toute petite crêpe, la
[crépuscule [2].

Tardieu, enfin, qui situe lui-même les poèmes de Monsieur Monsieur, *et des* Colloques et Interpellations « *au carrefour du Burlesque et du Lyrique* ». *C'est, en effet, là que se cache le poète pour surprendre, identifier, exorciser les tristes fantoches du quotidien.*

Monsieur met ses chaussures
Monsieur les lui retire,

Monsieur met sa culotte
Monsieur la lui déchire

Monsieur met sa chemise
Monsieur met ses bretelles
Monsieur met son veston
Monsieur met ses chaussures :
au fur et à mesure
Monsieur les fait valser.

Quand Monsieur se promène
Monsieur reste au logis

1. *L'instant fatal* (Gallimard, 1948).
2. *Le chien à la mandoline* (Gallimard, 1965).

quand Monsieur est ici
Monsieur n'est jamais là

quand Monsieur fait l'amour
Monsieur fait pénitence

s'il prononce un discours
il garde le silence (...)

Sur le même théâtre d'ombres, d'autres silhouettes dialoguent, et du contraste entre la banalité des phrases et le sujet qu'elles évoquent, naît puis se développe le rire, feutré d'abord.

(sur le ton de la basse médisance)

Savez-vous la nouvelle ?
— Ma foi non !
— Il paraît...
(mais soyez courageux, attendez-vous au pire !)
il paraît que le Temps par une nuit sans lune...
vous devinez ?
— Hélas, je n'ai que trop compris,
ô Dieux, est-ce possible ?
— Telle est la vérité !
— Quoi, dites-vous, le Temps et la Nuit ?...
— elle-même !
— C'était donc pour cela que ces deux misérables !
J'aurais dû m'en douter !
— ce serait beaucoup dire :
tout s'est passé sans bruit
comme un léger frisson pendant un long sommeil.
— Et nous les orphelins, qu'allons-nous devenir ?

Bon enfant quelquefois :

(sur le pas de la porte, avec bonhomie)

Comment ça va sur la terre ?
— Ça va ça va, ça va bien.

Les petits chiens sont-ils prospères ?
— Mon Dieu oui merci bien.

Et les nuages ?
— Ça flotte.

Et les volcans ?
— Ça mijote (...)

Pour atteindre un surréalisme grinçant :

(voix de marionnette, voix de fausset, aiguë,
nasillarde, cassée, cassante, caquetante, édentée)

. . . .

A quoi qu'a pense ?
— A pense à rin.

Pourquoi qu'a dit rin ?
Pourquoi qu'a fait rin ?
Pourquoi qu'a pense à rin ?

— A'xiste pas [1].

DU COMIQUE AU CALEMBOUR : ALLAIS

Saluons également, au passage, le cher Alphonse Allais, docteur ès rire, dont la production, bien antérieure aux limites de l'épure, n'en témoigne pas moins d'un sens comique qui nous réjouira toujours : incorrigible facétieux, il jouait ainsi avec les mots :

Par un certain Dumont, géant d'aspect robuste,
Aglaé remplaça son gentil Cyprien.
Hélas, quel désespoir ! Au pieu (Châtiment juste !)
Le fort Dumont valait rien.

---

1. Poèmes extraits de *Monsieur Monsieur* (Gallimard, 1951).

ou encore :

Il répétait souvent : « La reine est un chameau
Funeste ». On l'envoya ramer sur la galère
Du roi. Jusqu'à sa mort, il ne dit plus un mot.
L'embarquement pour s'y taire[2].

Ce qui prouve (mais en est-il besoin ?) que si « le calembour est la fiente de l'esprit qui vole », il n'en tombe pas moins souvent à pic, à condition, bien sûr, de ne pas tomber dans l'oreille d'un sourd ! Ce calembour, nous pensons, bien sûr, qu'il appartient au comique à l'égal de la contrepèterie, genre que Jean-Claude Valin cultive avec bonheur comme on le verra plus loin.

Le ton de cette présentation, compte tenu du sujet, aura peut-être paru exagérément sérieux à certains. Sans doute faut-il toujours se méfier de l'esprit de géométrie, vers lequel notre nature profonde nous entraîne, pour donner libre cours à cet esprit de finesse que le monde entier nous envie ! poil à la Moldavie, ajouterait Pierre Dac, qui représente dans cette anthologie le genre loufoque, auquel il a donné ses lettres de noblesse. Si son mode d'expression — courtes pensées ou maximes — peut sembler échapper au cadre poétique, la charge verbale de ces réflexions est telle que, souvent, elles touchent à l'essence même de la poésie, ce choc sensible des mots.

Mais assez disserté ; place à la poésie ! et fasse le ciel que pour toi, lecteur, cette journée ne soit pas la plus perdue, puisque, peut-être, tu auras ri.

Jean ORIZET

2. Poèmes extraits de l'*Anthologie Alphonse Allais* (Les Quatre Jeudis éditeur, 1956).

Traité de tous les noms

Il y a des noms à coucher dehors : Annabel, Etoile...

Il y a des gens qui se trouvent bien dans leur peau d'Eusébie.

Il y en a qui naissent en Durand, d'autres qui ne veulent pas des Roger.

Il y en a qu'on appelle Abel ou qui répondent au nom d'Hubert, etc.

Il y en a qui aiment s'envoyer sur les Rose, d'autres qui s'en vont avec Berthe et fracas puis finissent par perdre la tête sur les Sapho.

Il y en a qui s'embrassent sous le Guy, d'autres qui mobilisent pour leur plaisir tout l'appareil d'Eloi.

Lui non.

....

Après l'avoir toisé, palpé, ausculté, en long, en large, en travers, les médecins avaient diagnostiqué qu'il n'était ni myope, ni presbyte, ni astigmate, ni strabiste.

Il n'appelait pas un chat un chat, pour la bonne raison qu'à ses yeux, il n'y avait pas un chat mais selon le cas une vessie, une lanterne, une chèvre ou un chou.

En désespoir de cause, pour que la science ait quand même le dernier mot et parce qu'il s'agissait somme toute d'un phénomène optique aberrant, ils l'avaient baptisé : « Opticon ».

(*Opticon,* suivi de *Classiques transis,* Julliard, 1964)

Orientation professionnelle

— Opticon, que dirais-tu d'un emploi
dans un hôpital ?
— Trop de mal.
— Manutentionnaire ?
— Pas emballant !
— Façonnier ?
— Sans façons.
— Alpiniste ?

— Monte là-dessus !
— Prêtre ?
— Ma foi, non.
— Je ne sais plus, moi ! Chômeur ?
— Rien à faire !

(*Opticon,* Julliard, 1964)

La nouvelle Eve

Opticon travailla des mois après
son robot femelle.
Elle s'anima enfin, belle entre les
belles, plus vraie que nature.
Ils s'aimèrent.
Neuf mois plus tard, ils avaient
la joie d'annoncer la naissance
d'œufs-automates.

(*Opticon,* Julliard, 1964)

Théorie sur l'évolution des espaces

Opticon n'est pas de ces vicieux qui
veulent s'enfoncer dans la lune, de ces
audacieux qui du haut des cieux veulent
se faire lanlaire en l'air.
Il sait bien que notre terre n'est qu'un
habitacle, que là-haut à l'aurore, le spectacle
est stratosféerique mais il se méfie des sites de
Mars, fait fi des trucs sans sas
et du compte à rebours pour des globes
ou des globinettes.
Opticon, ce qui l'intéresse, c'est de
s'envoyer sur Vénus dans le plus simple
appareil.

(*Opticon,* Julliard, 1964)

Principaux recueils de Roland Bacri, né à Alger en 1926 : *Le petit poète ; Refus d'obtempérer ; Opticon,* suivi de *Classiques transis* (Julliard, 1964) et *Colère du temps* (Denoël, 1971).

SERGE BAUDOT

Monsieur Esfinge

Monsieur Esfinge travaillait dans les IBM. Il aimait à faire de petites surprises à ses petites machines, leur offrir quelque petit rien qui leur fît oublier la vie cybernétique.

Un jour, il trouva par hasard un carton perforé dans le salon de sa bien-aimée. Avec son sens du mystère bien connu, il résolut de l'offrir à sa petite IBM. Sans rien dire, timidement, il glissa le carton dans la fente de la machine.

Chose étrange pour les observateurs, elle se mit à dessiner. Des prairies, des vergers en fleurs, des têtes blondes courant dans les blés, des couples joyeux le long des ruisseaux, des oiseaux amoureusement enlacés. Elle faisait ses premiers pas sur les chemins de l'art.

A coup de tournevis, on lui fit reprendre le dialogue par le langage des codes. On la gorgea de cartes à petits trous posant toutes une question précise. Invariablement, électroniquement, on obtenait après déchiffrement cette réponse hallucinante pour les techniciens : « L'amour est le plus court chemin d'une bouche à l'autre. »

Monsieur Esfinge n'en pouvait plus. Il passait ses nuits auprès de sa machine. Souvent on l'entendait murmurer : « Mon IBM, ma douce mère, révèle-moi ton mystère. » A la fin, il n'y tint plus. Il démonta la machine. Et découvrit le carton du salon coincé entre le troisième transistor et une poignée de petits fils multicolores qui ressemblait à un cœur.

Plus tard, on déchiffra le carton. C'était la fiche signalétique d'un poète dont on parlait dans les écoles.

(*Les Enfants de la planète,*
Librairie Saint-Germain-des-Prés, 1972)

Compte de faits

Il était une fois une petite fille qui s'ennuyait chez ses parents. Elle décida d'ouvrir le mur et d'entrer dans les pierres. Elle alla chercher la clé sur le parvis de la cuisine.

Au détour de la première brique creuse, elle rencontra une petite bête, un termite ermite qui lui sourit sans s'étonner de la rencontre. La fillette continua sa promenade par les artères des briques vers les places de la pierre de taille.

Elle croisa quelques cafards fardés pour le café, quelques punaises à l'aise pour l'expédition punitive, quelques araignées arrêtées dans la saignée des fils électriques, dormantes.

Elle s'ennuyait et allait repartir quand elle aperçut un animal d'une espèce inconnue d'elle. Elle l'observa attentivement et rassurée, s'approcha de lui. Sans hésiter, il la prit sur ses genoux et lui passa la main dans le cou. Elle frissonna puis balbutia : « De quelle classe êtes-vous ? »

« Je suis de la classe supérieure des bipèdes technocratiques. » Elle eut un sursaut de frayeur devant l'inconnu mais néanmoins lui demanda ce qu'il faisait entre les briques et la pierre de taille. « Je dresse des plans », lui répondit-il, et comme ses mains avaient tendance à se croire sur une planche à dessins, elle préféra rompre la conversation.

Elle voulut ressortir du mur. Mais elle eut beau faire mille et mille tours dans les briques creuses, elle ne retrouvait pas la sortie. Soudain lui apparut à nouveau le technocrate. « Inutile, lui dit-il, ces briques sont mon plan, il faut une augmentation de 5 % du degré d'hygrométrie pour en sortir, et la météorologie annonce du bon temps pour longtemps. »

La fillette se mit à pleurer. Elle pleura tant et si bien que l'augmentation de 5 % fut atteinte et qu'elle put ainsi ressortir, laissant le technocrate perplexe devant ce phénomène qu'il n'avait pas prévu.

(*Les Enfants de la planète*)

Un homme efficace

Par des sentiers détournés, elle m'avait amené devant sa maison en construction. « Nous pourrions entrer, me dit-elle, mais j'ai oublié les clés. » « Qu'à cela ne tienne, répondis-je, les portes ne sont pas encore posées. » Et nous entrâmes.

Elle me prit pour un homme extrêmement efficace et se fit toute petite. Il faut dire qu'elle n'était pas grande mais elle était très belle. Elle voulut me montrer son ventre. Oui, oui, elle y tenait. Alors j'ai vu. Puis elle réclama des baisers.

Dans une maison en construction, c'est embêtant, l'air a trop de liberté, et le sol est toujours sale, plâtreux. Nous passâmes outre. Elle tomba à genoux. Je pris sa tête entre mes mains. En fermant les yeux, je vis des éclairs multicolores qui chantaient dans mes neurones.

Quand elle se releva, elle me dit : « Nous avons planté la crémaillère. » C'est drôle, mais je croyais avoir arraché un arbre à la façon dont je l'avais vue secouer les branches. Je ne lui en dis rien et nous repartîmes après avoir pris soin de bien refermer les portes. Elle craignait les courants d'air.

(*Les Enfants de la planète*)

Né en 1935, dans un petit village de Franche-Comté, SERGE BAUDOT est professeur d'anglais. *Les Enfants de la planète* (Librairie Saint-Germain-des-Prés, 1971) son premier recueil, a été suivi de *L'OVNI récalcitrant* (id., 1977).

DANIEL BOULANGER

Retouche à la morale

— Je ne fais rien à moitié.
— Que faites-vous ?
— Rien.

(*Retouches,* Gallimard, 1969)

Retouche à la fin d'un brave homme

Il s'est jeté du pont sur les rails, mais un convoi d'os et d'asticots passait à ce moment-là, venant de la Villette et se rendant à l'usine à colle. Peut-être est-il sous l'une de mes reliures ?

(*Retouches,* Gallimard, 1969)

Principaux recueils de DANIEL BOULANGER, né à Compiègne en 1922 : *Retouches* (Gallimard, 1969) et *Tchadiennes* (Gallimard, 1970).

RENE CAZAJOUS

Ah si...

Ah si je vous faisais
un bon cocktail
senti-menthe-à-l'eau érotique
trois quarts de l'un
un quart de l'autre
vous vous en rinceriez la bouche
et vous en redemanderiez
Ou si je vous faisais
une salade russe
avec des morceaux de Tiers Monde
au sirop anticapistalinorévoluherméticostatique
vous me trouveriez formidable, non ?

(Revue « Multiples », n° 4, 1971)

Avis

Les consommateurs de poésie universelle, qualité extra-supérieure, sont prévenus qu'ils ont droit aux jolies primes qui sont données gratuitement et sans augmentation de prix en vue de faire connaître cette poésie qui se conserve indéfiniment sans jamais se détériorer.

(« Multiples », n° 4)

RENÉ CAZAJOUS, animateur à Mérignac de la revue « Multiples », est né le 15 décembre 1926, à Cancon (Lot-et-Garonne). Principaux recueils : *Je suis de ce monde* (Promotion et édition, 1968), *Cette peur que de ma vie* (Editions Chambelland, 1970), *Concerto pour voix et décibels* (chez l'auteur, 1970).

GASTON CHAISSAC

Mes amis les lézards

Vous êtes de sympathiques bestioles et les mouches doivent être pour vous ce QUE SONT POUR NOUS LES POULETS ROTIS. Vous tenez des crocodiles, mais vous avez la gentillesse des chérubins, et vous mériteriez chaque jour un bon point pour ça, ou mieux encore des mouches toute l'année. Dans mes murailles affectionnées, vous êtes des locataires tranquilles, dont seraient fort satisfaits vos concierges si vous en aviez. Mais vous n'en avez pas besoin pour faire l'escalier, éplucher vos ordures et monter votre courrier. Vous ne recevez jamais de lettre, et celle-ci que j'envoie poste restante, attendra les quinze jours réglementaires avant d'aller au rebut. Vos lézardes, que vous aimez bien, ne doivent pas avoir leurs pareilles pour vos salmis et vos béchamels. Je vous quitte, car voilà l'autobus.

(*Très amicalement vôtre,* Daily-Bul)

J'ai rencontré Hercule...

J'ai rencontré Hercule une nuit : « T'en as de la chance ! » que je lui dis.

— De la chance de quoi ? qu'il me fit.

— Mais d'être Hercule !

— Ah ! tu crois ça toi, mais tu ne sais donc pas que pour le rester, je ne puis prendre une minute de repos, je suis bien avancé d'être ça, les morveux peinent bien moins en fin de compte.

Et il s'est éclipsé, dans la tempête, vers quelque terrible affaire de son ressort.

(*Très amicalement vôtre,* Daily-Bul)

Deux escargots

Deux escargots qui venaient de faire l'amour descendaient côte à côte le chemin. Il semblait qu'ils se donnaient la main, ces deux braves mollusques ; il semblait seulement, car pour ce faire, ils auraient été bien empêchés, puisque manchots de naissance. Mais si semblables à des amoureux ils étaient, on aurait juré qu'ils se donnaient le bras, qui pourtant n'existait pas.

Sortant chacun de leur chambre à coucher, ils venaient de s'embrasser sur le palier en se disant tous les deux en même temps : « Je vous ferais bien entrer, mais c'est si petit chez moi. ».

(*Très amicalement vôtre,* Daily-Bul)

GASTON CHAISSAC (1910-1965) a publié deux recueil : *Hippobosque au bocage* (Gallimard, 1951) et *Très amicalement vôtre* (La Louvière, Daily-Bul, 1970).

PHILIPPE CROCQ

Quelques scènes parmi tant d'autres

Les Bretons, qui ont des chapeaux ronds,
Roulent à bicyclette du côté de Trafalgar Square
Et distancent, sans se presser, les petits Anglais
Qui leur achètent leur ciboulette
Avec de l'argent trouvé,
Dans les plis de leurs culottes si larges
Dans les poches de leurs culottes rayées.

Les Lapons, qui ont bien du mal
A faire fondre la glace de l'autre côté
Des montagnes, pendant ce temps-là passent
Leurs soirées sur leurs fenêtres à poser
Des bourrelets de laine,
Pour que l'air frais ne rentre guère,
Pour que l'air frais ne rentre pas.

Et les Chinois, et les Chinois
Dans leur rizière, font avancer
Leurs buffles austères, font le tour
De chez eux et se chamaillent entre propriétaires
Dans une langue mal adaptée aux rigueurs
Des rizières, dans une langue mal adaptée
A leur soif de thé fumé.

Bien ! Et nous autres, les bons apôtres
Toujours à table, on attend les tartes
Et les glaces et les fromages.
On attend, et l'on se dit qu'il est tard
Et que Jésus n'en finit plus de boire,
Et que Jésus, plein de contrition,
Ferait mieux maintenant de régler l'addition.

(*Novembre sur terre,* **Chambelland, 1966**)

La bonne cuisine

En été, prendre une jeune fille, la déposer dans le tronc creux d'un arbre, bien tasser (avec les lèvres de préférence), tapisser de billets doux, de lettres d'amour, de propos hardis et tendres, bien fermer, faire en sorte qu'aucune trace de vos pas ne subsiste, imiter même les petons du lapin, tromper l'ennemi, brouiller les pistes, égarer l'attention...

Lorsque l'hiver viendra, démoulez avec précaution à l'abri des regards indiscrets et servez sur canapé cette provision de tendresse que vous aurez eu la sagesse de mettre de côté.

Sage et nue, vous aurez alors cette princesse que vos frères, en vain, aux terrasses des cafés, lorsque la bise est venue... que vos frères, en vain, courtisent en se gelant le cul.

(*Novembre sur terre,* Chambelland, 1966)

Maternité difficile

La bonne du curé, c'est tout un sacerdoce. Ma bonne et moi, c'est bien plus compliqué. Elle fut vite enceinte et nous autres — moi et ma femme — on était bien ennuyés.

Elle pensait tout le temps à des pendules, à des horloges, à des réveille-matin, à des montres-bracelets. On lui offrit un cadran solaire, elle ne sembla pas tellement satisfaite. Elle aurait voulu un objet à tic-tac, un objet à boîtier. Alors, elle eut l'enfant — moi et ma femme — on en était sûr, ça n'a pas raté, de taille moyenne, il portait sur le visage deux petites aiguilles joliment argentées.

Elle n'en fut pas tellement surprise, peut-être même heureuse, enfin pas trop étonnée. Près de son oreille, elle approcha l'enfant. Elle marche, dit-elle, mais comment le remonter ? On chercha partout, derrière l'oreille, dans le dos, sous le nez. Rien, pas de remontoir, pas l'ombre de clef.

Que faire ? Que faire ? dit-elle, il va s'arrêter. En effet, son rythme semblait se faire plus faible, se ralentissait.

A midi, un oiseau sortit de sa bouche et fit trois fois coucou. C'était mauvais signe. Nous nous le passions de main en main, quelque peu affolés.

Alors, il arriva l'irréparable, la fatalité. Glissant de ses mains, il tomba à terre sur le carrelage délavé. De ses oreilles, s'échappa un long filet de sable qu'il nous fut impossible d'arrêter. Nous en eûmes bien de la peine, cet enfant était un mécanisme simple, préhistorique, sans remontoir ni clef, cet enfant sans mécanisme était un sablier.

(*Monsieur Sage,* Chambelland)

Principaux recueils de PHILIPPE CROCQ, né à Paris en 1933 : *Le Jugement dernier* (Ed. Richelieu, 1966), *Monsieur Sage* (Chambelland, 1963), *Novembre sur terre* (Chambelland, 1966).

PIERRE DAC

Pensées choisies

La voix de celui qui crie dans le désert d'Arizona a bien peu de chance d'être entendue de ceux qui glandent dans les steppes de l'Asie centrale de Borodine.

★

Le crétin prétentieux est celui qui se croit plus intelligent que ceux qui sont aussi bêtes que lui.

★

Les résistants de 1945 sont, parmi les plus glorieux et les plus valeureux combattants de la Résistance, ceux qui méritent le plus d'estime et le plus de respect parce que, pendant plus de quatre ans, ils ont courageusement et héroïquement résisté à leur ardent et fervent désir de faire de la Résistance.

★

Le véritable égoïste est celui qui ne pense qu'à lui quand il parle d'un autre.

★

La mort n'est, en définitive, que le résultat d'un défaut d'éducation puisqu'elle est la conséquence d'un manque de savoir-vivre.

★

La véritable et sincère amitié verbale profondément superficielle est celle sur laquelle on peut absolument compter quand on n'a strictement besoin de rien.

★

Ce n'est pas parce qu'en hiver on dit : « Fermez la porte, il fait froid dehors » qu'il fait moins froid dehors quand la porte est fermée.

★

L'homme vraiment audacieux est celui qui sait se retourner dans la vie pour faire face à l'existence, au risque de se trouver soudainement et brusquement nez à nez avec ce qu'il a dans le dos. De même, le travailleur véritablement courageux est celui qui ne craint pas de se coucher à côté de son travail pour bien lui montrer qu'il n'a pas peur de lui.

★

Je pense souvent, non sans vertige, à la quantité de bœuf et de légumes qu'il faudrait pour faire un pot-au-feu avec le lac de Genève.

★

Celui qui, dans la vie, est parti de zéro pour n'arriver à rien n'a de merci à dire à personne.

★

A l'éternelle triple question toujours demeurée sans réponse : « Qui sommes-nous ? D'où venons-nous ? Où allons-nous ? », je réponds : « En ce qui me concerne personnellement, je suis moi, je viens de chez moi et j'y retourne. »

★

Il est démocratiquement impensable qu'en république il y ait encore trop de gens qui se foutent royalement de tout.

(*Les Pensées*, Le Cherche-Midi éditeur, 1978)

Principales œuvres de PIERRE DAC : *Du Côté d'Ailleurs* (Julliard); *L'Os à Moelle* I et II (Julliard); *Le Jour le plus c...* (Julliard); *Essais, maximes et conférences* (Le Cherche-Midi éditeur); *Dialogues en forme de tringle* (id.). En collaboration avec Francis Blanche : *Le Parti d'en rire* (id.).

MICHEL DEVILLE

Histoire d'O

Ecoutez tous dans vos logis
Ce court morceau d'anthologie :
C'est en prison qu'O expira
Et ce fut là qu'on l'enterra.

MORALITE

En taule O gît.

NOTA — Pour le cas où cette « Histoire d'O » serait adaptée en comédie musicale, je suggère d'ores et déjà que le titre soit changé en « Récit d'O ».

La vache

Une vache, en Normandie,
Assez belle à ce qu'on dit,
Voulut un jour s'acheter
Une étable marquetée,
Mais la bête à l'œil languide,
Insouciante et fort distraite,
N'avait nul argent liquide
Et sur son lait à venir
(Laid avenir)
Dut alors signer des traites.

MICHEL DEVILLE, né en 1931, à Boulogne-sur-Seine. Réalisateur de nombreux films, dont : *Benjamin ou les mémoires d'un puceau, L'ours et la poupée, Raphaël ou le débauché, Le Dossier 51, Le Voyage en douce, Péril en la demeure,* etc.

Poèmes Zinopinés (Editions Saint-Germain-des-Prés, 1972) est son premier recueil. Ont suivi : *Poèmes zinadvertants* (id., 1982) et *Poèmes zimpromptus* (id., 1985).

ROLAND DUBILLARD

Au jugement dernier

« Maniable et légère, un peu noire au goût de certains, voyez-la ! mais, plutôt, pesez-la dans votre main. Soyez sensible à ce poids qu'elle pèse, qui me reste comme sa dernière et sa plus délicate caresse.

Mais ne lui imposez rien, car je l'ai voulue si fragile ! Le doigt d'un maladroit la ferait s'effondrer ! Pesez-la seulement », dit-il.

« Pesez dans vos mains mon épouse que j'ai brûlée. »

(*Je dirai que je suis tombé,* Gallimard, 1966)

Né en 1933, ROLAND DUBILLARD a publié *Je dirai que je suis tombé* (Gallimard, 1966), mais il est surtout comédien et écrit pour le théâtre.

LOUIS FOUCHER

Lexique du Khongre

Le Congre blanc vit en haute mer, quêtant qui dévorer. C'est un terrible ravageur.

Le Congre noir se tapit dans les roches, d'où il se jette sur ce qui passe à sa portée. Guetteur mortel, tout lui est proie et nourriture.

Le Khongre doré occidental se tient de préférence dans les grandes villes, lové en son hôtel particulier. Mais il peut vivre aussi à la campagne, où il habite de somptueux châteaux, ou dans de beaux yachts sur la mer.

En habit noir, en jaquette de naphte ou de safran, il porte lunettes d'écaille et stylos d'or, joue au golf et fait du polo.

Il est président de conseils d'administration, fondateur de sociétés anonymes, directeur de grandes banques, magnat de l'industrie ou propriétaire de journaux. Le plus souvent, il disparaît derrière un écran très opaque, car il ne se montre jamais au jour trop cru de la publicité. Il laisse cela à ses sous-ordres.

Il fait partie de l'aristocratie des Khongres de par ses fonctions, qui sont hautes, ou ses richesses, qui sont immenses. Il se veut courtois et correct, patelin, minaudier, charmant. Mais c'est un joueur sans pitié et sa puissance est redoutable.

Son empire est l'Europe et préférentiellement le Nouveau Monde.

Le Khongre à collerette a lui aussi ses huissiers et ses appariteurs. Il opère entre des oreilles blanches et des téléphones, derrière les sas des gratte-ciel ou les portes de cuir des ministères.

Il est administrateur, financier, juriste, politicien. Il est colonel, avocat, juge, préfet, agent d'affaires, prélat, chef de gang, architecte, selon son goût, selon ses heures.

Il peut aussi se trouver quelques Khongres à collerette parmi les petits emplois, dans les bureaux, les ateliers et les usines.

Sous les aspects du Khongre bleu, le Khongre se ferait passer pour un professeur éminent. Il peut être de l'Institut.

Ou pour un parlementaire ingénu.

Il est fluent, protéiforme et corrosif.

Il peut se faufiler dans la peau de tout autre, je veux dire de tout humain, comme un bernard-l'hermite dans la coquille où il se coule. Et de là il souque et il mord.

Le Khongre rouge a élu l'Eurasie. Il y en a plusieurs varités, dont deux, au moins, se haïssent mortellement.

Le Khongre jaune prolifère en Extrême-Orient.

Le Khongre s'allie parfois aux lampadossoles et aux sargasses.

Il peut vivre en symbiose avec les sauterelles et les gniafs.

Sa femelle est féconde. Elle couve des millions d'œufs de petits Khongres.

Le Khongre se réunit périodiquement avec ses congénères pour ses affaires, pour ses conseils. Leurs réunions se nomment des Khongrès.

Lorsqu'ils ont réussi un coup hardi, une spéculation avantageuse, ils se félicitent longuement l'un l'autre, se frottant le ventre ou le dos. On dit qu'ils se khongratulent.

Ayant la puissance et la gloire, ils établissent l'ordre, leur ordre, qu'ils font régner orgueilleusement.

Ils se rassasient, eux d'abord. Aux autres ils laissent le menu fretin, ce dont ils n'ont point voulu ou ce qu'ils n'ont pas su prendre, les réduisant ainsi à la portion khongrue.

En souriant.

Con grazia.

Tout ce qui n'est pas d'eux, de leur société, de leur caste, leur est malaise et inkhongruité.

Pour l'efficacité de leur action publique, ils ont formé entre eux des sociétés puissantes, parfois occultes, que l'on appelle khongrégations.

Celle des pisse-froid, des stercoraires, des esquilins bancals, des guillochés bancaires, celle dite des oignons bleus, celle dite des bretelles vertes (honni soit qui mal y pense!) ou celle encore des ballets mauves.

Ils ont aussi inventé une philosophie, le khongruisme, qui tente d'allier la liberté des Khongres et la toute-puissance de Dieu, admettant que leur volonté ne puisse être autre que celle de Dieu même et qu'en l'occurrence leur puissance entraîne *ipso facto* la grâce et le pouvoir de Dieu.

O la rusée philosophie des Khongres ! O l'hypocrite morale tartuféenne des Khongres ! O l'effrayant bourgeoisisme des Khongres !

Ils sont d'ailleurs parfaitement transparents.

Avez-vous rencontré un Khongre ?

Vous ne le distingueriez en rien de l'honnête homme.

Mais que pensent d'eux les crevettes, à qui ils ont ravi ce privilège, les jeunes bigorneaux contestataires ou les crabes porteurs de lanternes ?

(*Carmagnole des Khongres*, Seghers)

Œuvres de LOUIS FOUCHER (1909-1970) : *Anna de Hore* (Seghers, 1955) ; *Eponine et le puma* (Seghers, 1961) ; *Argyne et les Gypaètes* (Seghers, 1967) ; *Carmagnole des Khongres* (Seghers, 1969).

ANDRE FREDERIQUE

Couronnes

A notre père affectionné

Au patron les Bobineuses

Ses frères et sœurs unis pour une fois
dans la douleur

La propriétaire du 144 ter

A notre client fidèle « Les Docks du Centre »

Ceux du 46ᵉ Chasseurs « On les aura »

Le garçon des « Quatre fils de La Rochelle »

La bonne des « Quatre sergents Aymond »

Offert par les hauts spéculateurs du Vivarais

A mon beau-père sans rancune

La patronne du « Moulin fleuri »

L'inconnue de la Porte Brancion

Un groupe de vagabonds belges

Acceptez cette couronne de l'abbé Gasparus

A notre président « l'association
des colombophiles catholiques de la Seine »

A notre trésorier « Les Amis de Luther »

A notre secrétaire « La libre pensée du Blanc »

Avec les excuses des familles Béchamel et
Mouton

Offert par une délégation de gros
industriels de Barcelonnette

Avec nos pleurs de forcelaine —un farceur

Ce modeste bouquet don de l'ouvreuse du
« Kursaal clichois »

A mon premier mari

A mon second mari

A notre mari un groupe de veuves

Un des gentlemen qu'il obligea un
soir à Karikal

Du mimosa comme il aimait

Les phlox qu'il adorait

Les angrecum sesquipedale dont il raffolait

Regrets éternels du cocher de « Fidèle au
poste » et « Coquette »

Pour qu'il revive dans la table — une spirite

Couronne lavable offerte par la femme de ménage

A bientôt — Louisa

En souvenir d'une joyeuse baignade en
Marne avec Louis Veuillot

Un bouquet cire façon naturel avec un
jésus décoré, marqué à ses initiales P.Q.

Trois petites couronnes bois flotté à
déposer en triangle sur la dalle offerte
par la « Compagnie de Jéhu »

Un superbe bouquet en perles mauves
rehaussé d'un ruban grenat portant ces
mots « Ad aeternam »

Une rondelle de carton bourrée de paille
mais le cœur-y-est

Une jardinière de pétunia en pleine terre
dans un vase circulaire antirouille

La bouée de « La Marie-Jeanne » cloutée de
pâquerettes offerte avec intention symbolique
et bretonne par le patron Cloarec

Un soleil pyrotechnique destiné à
être allumé à la nuit tombante au cimetière
offert par les sœurs de Barbaud

Un massif d'immortelles piquées en
rotonde au sommet d'un chapeau de prêtre

dont la calotte a été peinte recto et verso
aux trois couleurs de la France immortelle
offerte par le général de Montmirail

Un couvercle de garde-robe verni et
propre sur lequel ont été collées les
premières ombres chinoises de Caran d'Ache
retraçant l'épopée de l'empereur
Napoléon Bonaparte

Une immense couronne contenant le cadavre
offerte en prime par la fleuriste
madame Brissot qui exécuta la commande
Et n'oublie pas de remercier tous ces messieurs dames
qui voulurent bien lui faire confiance
Et s'excuse de la présence de la petite couronne de gauche sur laquelle
on peut lire : « à ma nièce »
due à l'erreur de Messieurs les imprimeurs rubanniers
plutôt qu'à la malveillance.

(*Aigremorts*, GLM, 1947)

ANDRÉ FRÉDÉRIQUE (1915-1957). Trois recueils : *Histoires blanches* (Gallimard, 1946) ; *Aigremorts* (GLM, 1947) ; *Poésie sournoise* (Seghers, 1957).

PIERRE GALLISSAIRES

L'occis gêne

bien pardon
nous dit-il
mais n'allez surtout pas
croire que
j'aurais pu
non
je ne suis pas de ceux
si seulement
j'avais su
vous eussiez
prévenu vos huissiers
fait
venir

vos prévôts
vos
poulets
vos
sergeots
vos
car c'est bien en forgeant
il n'y a pas de doute

qu'on devient forgeron
comme c'est en l'aidant

qu'on devient laideron
en lisant liseron

en tâchant tâcheron
ou mieux encore il n'y a pas un pli

en bûchant bûcheron
en bossant Beauceron

comme c'est en faisant
croyez-le c'est écrit

l'umour et puis l'umour
qu'on devient n'est-ce pas

et puis encore l'umour
qu'on devient umoureux

(*Vingt-deux poèmes pour en rire,* Chambelland, 1968)

Un accident bien étrange

pour une cause encorob
scure et indéterminée
cette nuit RN 108 entre uxelles et saint traviol
au lieudit pierre à reluire
un arbre brusquement

quittant le bacôté sur un poilour désemparé
est venu s'écraplatir
les dégâts matériels aux premières nouvelles croit
on dignes de foi quoique
légers sont indéniables
et sacrés l'on déplore
des victimes en nombre égal si les chiffres sont exacts
sinon supérieur au ca
rré de l'hypoténuse et sur les deux autres côtés

les gendarmes le parquet la famille et les plus haut
tautorités corps consti
tués les civils les militaires aussitôt alertés
et rendus à l'évidence sur les lieux mènent la quête
avec l'appui du clergé
des doyens juges d'épée
afin que lumière soit
plainentière et sur tous les aspects
de cette affaire faite ses tenants aboutissants
et au plus vitachevée
l'érection du monument funéraire et commémo-
ratif de cet acte d'un
sadisme irréfutable é
honté
pesons nos mots révoltant

(*Vingt-deux poèmes pour en rire,* Chambelland, 1968)

PIERRE GALLISSAIRES est né le 4 février 1932, à Talence, en Gironde. Il a publié trois recueils : *Vingt-deux poèmes pour en rire* (Chambelland, 1968) ; *Onze poèmes et quelques autres militants* (P.J. Oswald, 1969) ; *Petite suite benjamine* (Chambelland, 1971).

HENRI HEURTEBISE

Sans titre

A l'usine
Au bureau
Dans les champs

ASSUREZ-VOUS CONTRE L'AMOUR

Un regard est si vite arrivé !

(« *Multiples* », Spécial Humour, n° 4, printemps 1971)

JEAN L'ANSELME

« Tu sais bien, le Roi des Animaux, comme il s'appelle ? »
— Je sais pas.
— Mais si, tu sais bien. Voyons ? Le Roi des animaux...
— C'est pas les rennes ? »

(*Au bout du quai,* Rougerie, 1959)

Gontran Mercredi des Cendres

Gontron MERCREDI DES CENDRES était un peintre célèbre et le resta. Il était d'une honnêteté scrupuleuse. Quand on pense aux barbouilleurs d'aujourd'hui ! Jamais il ne peignait un personnage sans avoir commencé par son squelette auquel il ajoutait les systèmes sanguin, digestif, respiratoire, génital... Il parachevait son œuvre par l'adjonction des muscles, de la peau, des ongles, des cheveux, des poils, avant de la draper de vêtements.

Il en était de même pour un cheval.

(*Mémoires inachevés du général Duconneau,*
Rougerie, 1969)

Vacances

On croisait à l'heure du déjeuner des gens qui, pour gagner du temps, mangeaient sur le bord de la route. Nos têtes tout entières engagées dans la guillotine des portières, dans le bruit du moteur et du vent, nous les saluions d'un « Bande d'abrutis » accompagné d'un sourire innocent. La famille au complet levait alors un instant le nez de sa tomate à la « croque au sel » et nous répondait : « Merci » en agitant le bras, dans ce geste né de la fraternité qui lie les usagers de la route au moment des départs et des retours de vacances.

(*Mémoires inachevés du général Duconneau,*
Rougerie, 1969)

Poème n° 1515

Hassi-Messaoued

Monsieur,

Quand je suis arrivé à la maison où que vous m'avez envoyé réparer, la tempête avait décollé du toit une bonne quinzaine de briques. J'ai donc installé sur le toit du bâtiment une poutre avec une poulie et j'ai hissé un couple de caisses de briques. Quand j'ai eu réparé le bâtiment il restait une quantité de briques à cause que j'avais vu fort et puis aussi parce que j'avais fait sauter les dégradés qu'il me fallait redescendre. J'ai hissé de nouveau la caisse et j'ai fixé la corde en bas, et je suis remonté là-haut et j'ai rempli la caisse avec les briques de trop. Puis je suis descendu et j'ai détaché la corde. Malheureusement, la caisse de briques était plus lourde que moi et, avant que j'aie su ce qui arrivait, la caisse a commencé à descendre, me soulevant de terre d'un seul coup. J'ai décidé de m'agripper, sentant qu'il y aurait catastrophe à lâcher, et à mi-montée j'ai rencontré la caisse qui descendait et j'en ai reçu un sérieux coup sur l'épaule. Alors, j'ai continué jusqu'en haut, me cognant la tête contre la poutre et m'écrasant les doigts dans la poulie. Quand la caisse a frappé le sol, le fond a lâché et toutes les briques se sont répandues. Alors, j'étais plus lourd que la caisse et je suis reparti vers le bas à grande vitesse. A mi-chemin, j'ai retrouvé la caisse qui montait et j'en ai reçu de sérieuses blessures aux tibias. Quand j'ai heurté le sol, j'ai atterri sur les briques dont les arêtes tranchantes m'ont infligé plusieurs coupures douloureuses.

A ce moment, j'ai dû perdre ma présence d'esprit, car j'ai lâché la corde. Alors, la caisse est redescendue me donnant un autre violent coup sur la tête et m'envoyant à l'hôpital. Je demande respectueusement un congé de maladie.

(*Du vers dépoli au vers cathédrale,* Rougerie, 1962)

Secours au noyé

Quand mon père repêchait un noyé, il procédait toujours à la même danse étrange. Je le voyais lui tourner autour, le tirer par un pied pour le traîner en plein soleil, lui sautiller d'un bout à l'autre pour, au passage, lui tirer sur la langue, vite, furtivement, lui déboutonner le col et la ceinture. Il ne tenait jamais en place et lui prodiguait des soins d'urgence à distance et brièvement comme s'il s'agissait d'un pestiféré. Mon père tenait à la vie. Il prenait toujours soin d'ailleurs de les assommer avant de les ramener. Et sa vie dans l'air lui était aussi précieuse que dans l'eau d'où sa gymnastique autour de ses noyés. Ce sont des histoires de grand-mères, des préjugés d'antan, direz-vous ! Mais nos grand-mères n'étaient pas plus bêtes que nous... Moi-même, quand je repêche un noyé, je procède d'une façon analogue surtout par beau soleil et en fin de journée. En plein midi, c'est moins grave ; les jours de brume, tout est différent. Mais les jours de brume, les noyés sont rares, sauf ceux cueillis par une lame sur un chalutier ou les éventrés sur un récif. Ce sont de vieilles histoires de vieux, mais quand même... ! Mon père et moi qui ai toujours suivi ses principes, suivons là un principe de grand-mère que nous tenons de notre propre mère et grand-mère. Ça se connaît : l'ombre des noyés est mortelle. Pourquoi ? on n'en sait guère... Pourquoi dans le fond l'ombre d'un noyé est-elle plus mortelle que celle d'un châtaigné ? Tout ce qu'on peut dire, c'est qu'elle donne la tuberculose, c'est sûr et ça s'est vu et il ne faut pas plaisanter avec ça... Un ami cher de ma grand-mère, jeune, plein d'entrain, bien élevé, qui voyait tout en rose et qui prenait la vie comme elle venait — elle l'appelait l'antisceptique — est mort ainsi. Elle y tenait... Alors ? Les campeurs le savent et ils ne plantent jamais leur toile sur les plages.

(*Très cher Onésime Dupan de Limouse,* Rougerie, 1966)

Recette

A Jean Rousselot.

Voici une rectte très simple, à peu de frais, que vous pouvez utiliser à l'occasion d'un anniversaire, de fiançailles, d'un mariage, le résultat dépasse toujours les espérances de ceux qui y sont intéressés.

Ouvrez une boîte de pâté et disposez-en le contenu sur un plat en une fine couche d'un centimètre d'épaisseur. Procurez-vous des pâtes, en forme de tubes, dites « macaroni », étalez-les et brassez-les de manière à changer « l'air » de place et après en avoir détaché une, supprimez-la. Sans faire cuire vos macaroni ainsi transformés, vous les ajoutez à votre pâté avec une liaison à votre choix et vous obtenez un splendide récepteur de télévision prêt pour la deuxième chaîne.

Et maintenant, bon anniversaire !

(*Très cher Onésime Dupan de Limouse,* Rougerie, 1966)

Sur les vingt recueils publiés par JEAN L'ANSELME (né à Longueau en 1919), il faut retenir surtout : *Cahier d'histoires naturelles* (Seghers, 1950) ; *Il fera beau demain* (Caractères, 1952) ; *L'enfant triste* (Seghers, 1955) ; *Au bout du quai* (Rougerie, 1959) ; *Du vers dépoli au vers cathédrale* (Rougerie, 1962) ; *Très cher Onésime Dupan de Limouse* (Rougerie, 1966) et *Mémoires inachevés du général Duconneau* (Rougerie, 1969).

JACQUES MEUNIER

comme les boas
ne crient pas leur nom
dans les escaliers
comme ils ne frappent jamais avant d'entrer
comme ils
ne laissent pas d'empreintes digitales
ni de mégots dans les cendriers
la sûreté nationale
ne les a pas mis dans ses fichiers

(*Inédit*)

---

tôt ou tard les poulpes auront des dents
des dents en or
et le tiers monde n'aura plus faim
ce sera la fin d'un monde encore
et les poulpes tiendront la main
des autres poulpes

des jaunes des rouges des africains
comme dans Paul Fort

(*Inédit*)

Né à Melun, en 1941, JACQUES MEUNIER est ethnologue. A publié un roman, *Le Chant du Silbaco* (Ed. Spéciales, 1969, réédition J'ai lu, 1970). Prépare un recueil de poèmes : *Comptines, bouts rimés et fatrasies.*

JOSE MILLAS MARTIN

Condiments

AIL ANIS ETOILE ANIS VERT BAIE DE GENIEVRE BASILIC CANNELLE CERFEUIL CLOUS DE GIROFLE CORIANDRE CUMIN DE HOLLANDE *ECRASEUR* DU MAROC *MERDE* CURCUMA CURRY DES INDES ESTRAGON *SALAUD* EPICES PLEIN AIR *FUMIER* EPICES ROUGES FENOUIL *PETIT CON* GINGEMBRE *CORNIAUD* HARISSA LAURIER MARJOLAINE NOIX DE MUSCADE *ORDURE* ORIGAN PAPRIKA PIMENT DE CAYENNE *PEINE A JOUIR* PIMENT FUME QUATRE EPICES *CHAUFFARD* RASEL-MANOUT SAFRAN SARRIETTE SAUGE SERPOLET TOMATE THYM *T'AS TON PERMIS*

(*Matières premières*)

Façons de causer

Cela va de soi Comme il se doit Vous me comprenez En un certain sens C'est naturel ! N'ai-je pas raison Oui bien sûr N'empêche que ça existe ces choses-là Mille fois merci C'est un vrai con Cela va de soi En un certain sens C'est naturel Oui bien sûr N'ai-je pas raison Ça existe ces choses-là Vous me comprenez comme il se doit N'empêche que c'est un con Mille fois merci Qu'est-ce que j'ai donc à dire

(*Matières premières*)

Interjections

La femme donc la femme ou La femme quoi La femme hélas La femme qui La femme fichtre La femme oui La femme psitt La femme oh La femme non La femme peuh La femme ah La femme etc La femme bah La femme certes La femme ouais La femme ouf La femme hein

(*Matières premières*)

Agence immobilière

A sauter dessus jolie fermette de maître Cui cui des oiseaux Manoir belle allure Ferme rustique Inondée de soleil Taille apparente Toit en bon état Eau courante Electricité Très vallonnée large façade Dans joli vallon Très verdoyante Enjôleur dans son plus beau parcours Joyeuse retraite Si vous n'avez rien trouvé ailleurs Venez nous voir Nous avons en portefeuille ce qu'il vous faut Jouissance immédiate

(*Matières premières*)

José Millas-Martin. Né à Tandil (Argentine), en 1924. Editeur de poésie. Auteur de *Recto-verso* (Chambelland, 1961), de *Matières premières* (Millas-Martin, 1967) et de *Nom, prénoms, profession, adresse* (éd. Saint-Germain-des-Prés, 1979).

RENE DE OBALDIA

L'esprit de famille

La Cour interrogea le criminel :

— Pourquoi assassinez-vous systématiquement les vieillards à barbe ?

L'accusé ôta sa veste et déchira sa chemise. Sur son torse, profondément tatoué, un Christ en croix agonisait.

Il répondit d'une voix ferme :

— Nous avons eu le fils. On finira bien par avoir le père !

(*Les Richesses naturelles*, Grasset, 1970)

Epreuves

L'éditeur lui remit à corriger les épreuves de son premier livre. Rentré chez lui, il se rendit au potager, étendit les feuilles sur le fil à faire sécher le linge, et les fixa au moyen d'épingles. Ensuite, il s'empara d'un bâton et tapa sur les feuilles de toutes ses forces.

Les coquilles tombèrent les premières, emplissant le jardin d'une odeur d'escargots. Puis les adjectifs inutiles, par centaines. Puis des phrases avec leur cortège de ponctuation. (Les verbes rendaient un son violent dans leurs chutes.) Bientôt, il ne resta que du blanc sur les feuilles.

L'écrivain, alors, se donna la bastonnade. A chaque coup qu'il s'assénait, il ne pouvait s'empêcher de pousser des cris, des mots, lesquels, prodige, s'imprimèrent sur les pages vierges.

Ainsi, le livre fut de nouveau composé. L'histoire, plus sentie, différait quelque peu de la précédente.

Satisfait de l'épreuve, l'auteur retourna dès le lendemain chez l'éditeur, avec un « bon à tirer » signé de son sang. Le livre parut peu après. Il n'obtint aucun succès. L'auteur, condamné à vivre, cessa d'écrire.

(*Les Richesses naturelles,* Grasset, 1970)

Femmes légères

Au cours d'un grand dîner, rien de plus simple, entre deux vins, que de glisser des sangsues dans le décolleté des femmes.

Pour peu que vous vous attardiez, vous verrez celles-ci se faire diaphanes, atteindre à cet irréel que tant d'hommes de qualité recherchent auprès du beau sexe. Elles parlent à peine ; c'est un simple murmure, un ruisselet qui coule de leurs lèvres neigeuses... Des oiseaux expirent dans leurs seins. Délicieusement transparentes, elles s'appuient sur vous de toute leur faiblesse millénaire.

Vous pouvez alors emporter la compagne de votre choix, en la jetant sur votre épaule. Une fois chez vous, la déshabiller, la mettre au lit, éteindre la lumière, goûter à fond cette chair céleste... Puis vous endormir, le cœur léger, léger...

(*Les Richesses naturelles,* Grasset, 1970)

René de Obaldia, né à Hong Kong en 1918, a publié trois recueils de poèmes : *Midi* (La Pipe en écume, 1949) ; *Les Richesses naturelles* (Julliard, 1952 ; réédition Grasset, 1970) ; *Innocentines* (Grasset, 1969).

JEAN-CLAUDE VALIN

Qu'ai-je fait

Qu'ai-je fait au bon Dieu pour qu'il n'existe pas ?

(*Arrhes poétiques*)

Tiroir

Tiroir de mémoire, miroir de terroir.

(*Arrhes poétiques*)

Et le poème !

Et le poème quoi !
C'est des mots sur la page
C'est des morts sous les pas
Des sons dans l'insondable !
Des sous pour les soudards
Du doux pour les oukases
Du destin, et du fou
Pour les soiffards de l'âme !
Et le pape à la poupe
Le sous-pape à la soupe
Le tout est dans l'étrave
Le triceps à la barre
Le vin de quelle cave
On embarque au départ !
Et pourquoi pleurnicher
Si vous ne savez où
Nicher vos pleurs, allez
Zou ! et n'en parlons pas
Si le cœur nous élance
On nous croit sur silence

(*Arrhes poétiques*, Chambelland, 1967)

Ne pas confondre le bon grain et l'ivresse.

★

— Il était une fois...
— Pas plus ?

★

Tous les bruits sont beaux, tous les fruits sont faux.

★

Monde aqueux et monde sans queue : l'eau d'ici et l'au-delà.

(Extraits d'*Arrhes poétiques*)

Dites donc

Dites donc vous
La Vie qui restez en panne
Jeune et défigurée
Mais les tripes si belles
Alors que le temps passe
Et toi le Temps qui ricanes
De la vie trop vieille
Il faudrait vous entendre, hein !
Sans ça...

Je

Je n'accuse que les coups

Poète, ne dors que d'une main

Assis, ma conscience me pèse sur l'échine, me tire sur le ventre. C'est trop fort pour moi. Debout elle me fait vaciller : je dis aux gens « Il y a un sacré vent ce matin » ; ils rient en coin parce qu'il n'y a pas de vent, ou si peu. Je ne me saoule guère pourtant. Couché je m'endors tout de suite ; mais quels brassages, quel inconscient, docteur ! Si vous saviez...

Je vais me pendre la tête en bas, pour essayer de vivre, comme tout le monde.

(*Arrhes poétiques*)

JEAN-CLAUDE VALIN, né en 1934 dans les Deux-Sèvres, a fondé la revue *Promesse.* Principaux recueils : *Arrhes poétiques* (Chambelland, 1967), *Singulier plurie*l (Millas-Martin, 1968) et *La Mort née* (Oracl-édition, 1983).

BORIS VIAN

Les instanfataux

à Raymond le Chien

Ah oui ça c'est bien vrai
Que c'était pas comme ça
De mon temps de ton temps
On respectait les vieux
On marchait sul trottoir
On la tournait sa langue
Dissette fois dans sa bouche
Avant d'oser causer
Et les gauloiz coûtaient
Dix centimes-deux sous
Mais ils ont tout changé
On n'a plus de respect
Pour les vieux pour les vieux
On fait l'amour avec
Des sinjenpantalons
On roul dans des voitures
Qui marche-t-au pétrole

Et puis et puis surtout
Ah merde merde merde
On est vieux, on est vieux...

(*Cantilènes en gelée*, 10-18, 1970)

Un homme tout nu marchait

Un homme tout nu marchait
L'habit à la main
L'habit à la main
C'est peut-être pas malin
Mais ça me fait rire
L'habit à la main
L'habit à la main
Ah ah ah ah ah ah ah
Un homme tout nu
Un homme tout nu
Qui marchait sur le chemin
Le costume à la main.

(*Cantilènes en gelée*, 10-18, 1970)

Principaux recueils de BORIS VIAN, né à Ville-d'Avray (1920-1959) : *Barnum's digest* (Aux deux menteurs, 1948) ; *Cantilènes en gelée* (Rougerie, 1950 ; réédition 10/18, 1970) ; *Je voudrais pas crever* (Pauvert, 1962) et *Textes et chansons* (Julliard, 1966 ; réédition 10/18, 1969).

PAUL VINCENSINI

Moi dans l'arbre

T'es fou
Tire pas
C'est pas des corbeaux
C'est mes souliers
Je dors parfois dans les arbres

(*Le Point mort*, Chambelland, 1969)

Aspiration

En tirant sur sa cigarette
Il aspire bien des choses
Des arbres un phono
Un rasoir des bretelles
Un soir qu'il avait du vague-à-l'âme
Il a aspiré une cathédrale
C'est ainsi qu'il devint bedeau.

(*Le Point mort,* Chambelland)

R
I
E
N

D
E

M
I
E
U
X

Rien	Qu'une Bonne
Ne vous	Paire
Soutient	De
Mieux	Bretelles
Dans la vie	

(*Le Point mort,* Chambelland)

La main

Regardez
Une main
A poussé sur cet arbre

Bravo bravo
J'applaudis des deux mains

Merde
Il m'en manque une

(*Le Point mort,* Chambelland)

Bergeries du sommeil noir

. . . .

J'ai installé un bar dans mon lit à côté d'une imprimerie. L'imprimeur et moi nous sommes toujours ensemble. La serveuse se nomme Sophie. Moi je l'appelle Sophisme ou Suffit.

(*Le Point mort,* Chambelland)

Né à Bessans, Savoie (1930-1985), PAUL VINCENSINI a publié : *Des paniers pour les sourds* (Seghers, 1953) ; *La Jambe qui chante* (Temps mêlés, 1965) ; *D'herbe noire* (Chambelland, 1965) ; *Le Point mort* (Chambelland, 1969) ; *Peut-être* (Club du poème, 1971) ; *Qu'est-ce qu'il n'y a ?* (éd. Saint-Germain-des-Prés, 1975) ; *Quand même* (éd. Saint-Germain-des-Prés, 1976).

POESIE 1

LIVRE III

RIONS AVEC LES POETES

par

JEAN BRETON

Ce *livre III* est un « tiré à part » du numéro spécial de la revue POESIE I « Rions avec les poètes ».

EDITORIAL

« La poésie moderne est triste, souvent lugubre, sans parler de son obscurité ! »

Tel est le reproche entendu quelquefois. Il contient une part de vérité. A l'époque de la bombe atomique, des famines du tiers monde et d'une introspection aiguë généralisée, les poètes n'ont guère envie de pavoiser. Mais c'est peut-être aussi parce que la poésie comique est le genre le plus difficile ?

« Je ne veux plus être triste », écrivait Blaise Cendrars dans un poème célèbre. Manifestant la même réaction, et sur les traces d'aînés que Poésie 1 *a déjà salués dans les chapitres qui précèdent, il existe aujourd'hui de nombreux poètes du jeu de mots, du rire tendre, moqueur, loufoque, fantastique, à côté des inspirés de l'humour noir. Les voici réunis dans ce numéro spécial. La plupart de ces poètes sont peu connus ou inconnus. Autour de leurs textes brillent maximes et pensées d'ironistes célèbres.*

Joignez-vous à cette jam-session du rire en liberté.

JEAN BRETON.

I

DU JEU DE MOTS AU DICTIONNAIRE IMAGINAIRE ET AUX REMINISCENCES DEVOYEES

« La poésie est toujours une question de tripes, mais à la mode de quand ? »
Jean L'ANSELME

« Les Huns piquant des deux arrivèrent à Troyes quatre à quatre. »
Raymond QUENEAU

MICHEL DEVILLE

Le vieux cheval

On le fit galoper,
Il galopa,
Puis on le fit marcher
(Au pas ou pas),
Ensuite on exigea
Qu'il voulût bien trotter,
Mais là, tout net, il refusa
Et laconique, il expliqua :
— Trot, c'est trop.

(*Poèmes zimpromptus*,
éd. Saint-Germain-des-Prés, 1984)

PAUL VINCENSINI

Lo to folo

— *Lo to folo lo toto*
— Ko ? Ko ? Ko ?
Ko lo folo ?

— *Lo toto.*
— Oh ! lo lo !
Toto lo toto ?

— *Toto !*
Lo to folo
Mo lo po fo do miotto.

Traduction littérale.
Il a tout fêlé la tête. / Quoi ? Quoi ?
Quoi ? Quoi il a fêlé ? / La tête. /
Oh ! la la ! / Toute la tête ? / Toute ! /
Il l'a toute fêlée / Mais il n'a pas fait
de miettes.

N.B. Tous les O de ce poème sont des
O fêlés c'est-à-dire ouverts.

(*Toujours et jamais,*
Culture et Pédagogie, 1982)

ANDRE DERBEZ

Vrai ou faux

Même les beaux Chinois mangent !
Même les beaux minois changent !

Klein n'aimait pas les faussaires 1792-1875
Claire n'aimait pas les faux seins

Cécile a des fauteuils
Cet œil a des faux cils

En Corse, le maquis reste roi
En Corse, le mari reste coi

L'Irak défend Chimène
Chirac défend l'hymen 1932-...

C'est le maire de Paris 75
C'est le père de Marie

Il y a beaucoup de vent en province
Il y a beaucoup de vin en Provence

Le cerveau tourne autour de son centre
Le cerveau tourne autour de son ventre

M. Rollin est le seul de ce groupe sans gants
M. Rolland est le seul de ce groupe sanguin

Le sang s'épaissit avec le thym
Le sein s'épaissit avec le temps

Le mélo, c'est bien vieux
Le vélo, c'est bien mieux

(Extraits du recueil inédit : *P. zet-contre-P. - Poèmes,*
in *Les Cahiers de Saint-Germain-des-Prés,*
n° 12, 1984)

MICHEL MONNEREAU

Menu de sa Majesté Louis XIV

Le matin : tisane
l'après-midi : cour
le soir : courtisane.

(*Inédit*)

MICHEL DEVILLE

Conte de Noël

En Normandie redescendu
Et victime d'un accident
De rue,
La gorge sèche,

Jésus crie
De douleur.
— Où tu crèches ?
Lui demande un agent
L'œil verbalisateur.
— Boulevard Lannes, Elbeuf,
Répondit le... mais si !

(*Poèmes zinadvertants*,
éditions Saint-Germain-des-Prés, 1982)

JEAN PEROL

Combines

Dedans
en plein jusqu'au cou
il était vraiment dedans

il était en plein cirage
en plein

mais il s'en tirerait
son père était
le roi de la chaussure.

(*Inédit*)

PAUL VINCENSINI

Le petit cochon

Couchons le petit cochon
Tout doucement sur le côté
Mais lui chatouillez pas les pieds
Déjà il rigole il rigole
Il rigole le sang
Dans la rigole

C'est pas pour rigoler
Qu'on l'a zigouillé

(*Toujours et jamais*,
Culture et Pédagogie, 1982)

MICHEL MONNEREAU

Avis

Désormais, toute poule libérée refusera
les œufs à la coq.

★

En voyant le poulet mort
il dit : vola-t-il ?

(*Inédits*)

GUY-GUY BOUZOUNE

Holorimes

Molécule

Baume au cœur

Mot laid : cul

Beau mot : cœur.

(*Inédit*)

ROLAND BACRI

Viande de pétrole

A quand le bœuf gros Shell et
l'Esso 6 de Strasbourg ?

(*Les Pensées*)

ANDRE GAILLARD
et TEDDY VRIGNAULT

— Si madame de Sévigné avait pris le métro, elle aurait peut-être raté sa correspondance.

★

— J'ai connu un pépiniériste tellement myope qu'il s'était spécialisé dans la culture des cyprès.

(*Les Pensées des Frères Ennemis,*
Le Cherche-Midi éditeur, 1980)

MICHEL MONNEREAU

L'indécis

Il n'a jamais eu d'opinion sur rue.

(*Inédit*)

MICHEL DEVILLE

Art poétique

Si vous voulez faire un poème,
Cela n'est pas un gros problème.
Il faut d'abord l'exposition,
Ensuite un développement,
Enfin la chute, évidemment.
Démonstration :

Au beau milieu d'un bel hiver,
Certain faisan de mes amis
Avait mis
Le couvert
Sur une nappe de brouillard.

(C'était, bien sûr, l'exposition.
Et maintenant, développons :)
Ce faisant, il pensait,
Le petit débrouillard,
Ses jolies nappes épargner,
Mais le brouillard, très malicieux
Et pas sérieux,
Se dissipa
Et le repas
Dégringola.
(C'est la chute.)

(*Poèmes zinadvertants*,
éditions Saint-Germain-des-Prés, 1982)

ROLAND BACRI

Croisière diététique

Vous croyez que le paquebot va effectuer le passage de la ligne ? Non, il prend le large.

Sur le quai, des femmes agitent leurs mouchoirs et crient à leurs époux obèses : « Tu maigriras, dis ? »

Calcul des probabilités

— Sais-tu faire une addition et une soustraction ?
— Plus ou moins.

Le temps passe et fait mes rides.

(*Les Pensées*,
Le Cherche-Midi éditeur, 1979)

LEO CAMPION

Lexique pour rire
(*extraits*)

Affection. — Sentiment qui a pris du ventre.

Autopsie. — Interview posthume.

Baisemain. — Il faut un commencement à tout.

Budget. — Equilibriste.

Calembour. — Estimable jeu de mots fondé sur une similitude de sons et de sens différents.

> Ex. : « C'est triste un homme ruiné qui épouse une femme en ruine. » (Victor Hugo)

Contagion. — Défaut du choléra et qualité du rire.

Courtoisie. — Ensemble de pratiques naïves, hypocrites et rigoureusement nécessaires.

> Ex. : « Si vous me faites l'honneur d'assister à mes obsèques, je me ferai un plaisir d'assister aux vôtres. »

Dictature. — Forme autoritaire de la démagogie dans laquelle tout ce qui n'est pas obligatoire est interdit.

Eternité. — Passe-temps.

Hoquet. — Contraction brusque du diaphragme qui se pratique devant un miroir sous le nom de *hoquet sur glace.*

Inspiration. — Borborygme du cerveau.

Lac. — Contraire d'île.

Limace. — Escargot nudiste.

Militant. — Exceptionnellement héros. Souvent arriviste ou cabotin. Généralement couillon sincère.

Oasis. — Privée de désert.

Presbytère. — Habitat du presbyte.

Rhum. — Tisane de boucanier.

Rien. — Costume national nudiste.

Serment. — Ça se prête.

Suaire. — Couvre-feu.

Toréador. — Boucher à l'arène.

Tuyau. — Série de trous mis bout à bout.

Vache enragée. — La nourrice des grands hommes.

(*Lexique pour rire illustré*,
Le Cherche-Midi éditeur, 1982)

JEAN-MAURICE TAMISIER

Le dyslexique

« Tout a été dit.
Sans doute.
Si les mots n'avaient changé de sens ;
et les sens, de mots. »

Jean PAULHAN
(*Clefs de la poésie*)

ALFRAIDE.
Nom d'un monsieur qui dit bonjour au garde-à-vous.

ARCHEVÊXÉ. n.m.
Prélat à qui on a cherché des crosses.

BAISEF. adv.
Surtout au négatif : il n'y en a pas baisef — il n'y a pas grand-chose à se mettre sous l'Adam.

BANQUISE. n. f.

Etablissement bancaire où il ne fait pas bon être à découvert.

CAPITRAINE. n.m.

Personnage mou et lent, toujours le dernier à quitter le navire.

CARABINE. n.f.

Etudiante en médecine.

CÉLÉBRITÉ. n.f.

Personnalité du monde éthylique. Pilier de bistrot notoire.

CHEHYENE. n.

Indien d'Amérique qui se nourrit de charognes en ricanant.

CHIGNOLE. n.f.

Eau de vie propre à percer l'estomac le plus endurci.

CIMENTEUR, EUSE. n.

Individu qui se fabrique un alibi en béton.

COEURELLE. n.f.

Dispute d'amoureux.

COMMISSERF. n.m.

Serviteur de la République.

COOLIE POSTAL. n.m.

Asiatique qui travaille aux P.T.T.

C.R.S.

Troupe chargée du sévice d'ordre.

CRUCIFISC. n.m.

Croix portée par les contribuables.

ENIGMATHIQUE. n.f.

Partie des mathématiques (95 %) qui reste obscure au commun des mortels.

ESBAGNOLE. n.f.

Véhicule marchant à la sangria, faisant un bruit de castagnettes, sous licence italienne.

FOSSAIRE. n.m.

Exécrable individu qui s'amuse à creuser de faux trous.

GARDANAL. n.m.

Sédatif pour calmer les grandes folles.

GARNID. n.m.

Chambre meublée pour amoureux.

HELENINISTE. adj. et n.

Communiste grec.

HIPPOPOTIN. n.m.

Le gros de la croupe.

IMPUBERE. adj.

En Grande-Bretagne, adolescent qui n'a pas l'âge d'entrer dans les pubs.

INCANDÉCENT, ENTE. adj.

Très comme il faut, bien que chauffé à blanc.

JALOUP. n.m.

Individu qui montre les dents dès qu'un tiers s'approche de sa moitié.

LOQUACE-PIEDS. n. invar.

Qui importune par ses bavardages.

MAQUARELLE. n.f.

Qui fait travailler des call-girls par amour de la peinture « allô ».

NAILLADE. n.f.

Nymphe des rivières, légère, gracieuse, et puant l'ail comme un cuistot marseillais.

NAUFRAGÉ, ÉE. n.

Personne qui ne touche que la retraite des vieux.

NIRVANNÉ, ÉE. adj.

Qui en a ras-le-bol de se réincarner.

NOBLIQUE. adj.

Dont le sang a bleui dans l'escalier de service.

OXYDENT. n.m.

Partie du monde qui doit périodiquement dérouiller.

PATACAISSE. n.m.

Défaut de livraison.

PROMISCUITER. v.tr.

Enterrer sa vie de garçon.

SLOGANG. n.m.

Agence de pub.

SPARADRAPEAU. n.m.

Pavillon de la Croix-Rouge.

TOHU-BAHUT. n.m.

Sortie des classes.

TRACTEUR. n.m.

Comédien angoissé qui en tire une pas possible.

TRINQUIET, ÈTE. adj.

Qui lève son verre anxieusement, ne sachant pas qui va payer la tournée.

YANKEELOSÉ, ÉE. adj.

Qui a perdu sa liberté de mouvements par suite d'une injection de capitaux américains.

YOGHOURGANDINE. n.f.
Femme dévergondée qui vend du lait caillé dans des petits pots.
ZIGAUTO. n.m.
Crétin dont les évolutions sont d'autant plus dangereuses qu'elles sont motorisées.

(*Inédit*)

CLAUDE-ROSE et
LUCIEN-GUY TOUATI

Les mots-gigognes

Les mots de ce glossaire ont deux sens : *le premier,* celui du dictionnaire, le sens évident et connu de tous : il n'en sera pas question.
Le second, surprenant et inattendu, découle du découpage sonore des syllabes ; c'est lui que vous trouverez ici. Il est parfois accompagné d'exemples.

— A —

— Monter trop souvent sur la croupe d'un mulet. ACCUMULER
(Ex. : « Il voyagera accumulé pendant dix jours ».)
— Concerne les vaches sacrées, aux Indes. ADULÉE
— Vieil asticot paraissant bien pourri. APPARENCE
(Ex. : « D'un geste délicat, il prit l'apparence de son hameçon ».)

— B —

— Petit bouc aimant les fleurs. BOUQUET
— Petit balai pour bébé. BALAYETTE
— Se dit d'un individu manchot qui reste toujours auprès du feu. BRASERO

— C —

— Se dit d'un mythomane qui croit n'avoir rien à se reprocher. CENTAURE
— Rat furieux faisant des ravages. CHOLERA
— Petit déjeuner pris en musique. CONCERTO

— Ane gentil et docile qu'on ne rencontre qu'en changeant de pays. DOUANE
— Pièce tragique pour insecte parasite. DRAMATIQUE

— E —

— Très grosse récompense. EMBONPOINT
— Se dit de quelqu'un qui est clown dans le quartier Saint-Paul. EPITRE

— F —

— Pointe d'étoffe un peu ratée. FICHU

— G —

— Bande de félins malfaiteurs. GANGLION
— Jeune chat bien enveloppé vivant dans les prés. GRAMINEE

— H —

— Cheval-hérisson. HIPPIQUE
— Recette africaine à base de riz, exaspérante à réussir. HORRIPILÉ

— I —

— Habitant de l'Amérique centrale pas fichu de figurer dans l'annuaire. INCAPACITÉ
— Maison isolée seule contre toutes. ISBA

— J —

— Breuvage limpide et transparent, excellent pour la santé, mis en bouteilles au Japon. JUDO

— K —

— Petit garçon enrobé de couvertures. KIDNAPPÉ

— L —

— Graisse de bonne qualité, très appréciée des brigands. LARCIN
— Admirable bête mythique. LOUANGE

— M —

— Enfant de très petite taille. MINIMUM
— Petit tas de bois avec lequel se chauffe le gouvernement. MINISTERE

— N —

— Adverbe protestant contre le manque de flair. NÉANMOINS

— O —

— Péché de gourmandise très voyant chez les chiens. OSTENTATION
— Phoque constatant qu'il n'y a plus rien à faire. OTARIE

— P —

— Se dit d'une personne notoirement malade. PERSONNALITE
— Se dit d'un enseignant buté, sachant peu de choses. PROFANE

— R —

— Batracien très bien coiffé. RAINETTE
— Italien qui a mangé trop de pâtes et qui est heureux de se coucher. RAVIOLI

— S —

— Ennemi coupé en rondelles. SALAMI
— Chômeur rougeaud. SANGUIN

— T —

— Cri aigre poussé très rarement par la foule. TOLERANCE

— V —

— Petit de la vache élevé en appartement pour la grande joie de la famille qui le regarde. VAUDEVILLE
— Petit souhait empoisonné. VENIN

(Fragments inédits du
Livre-jeu des mots gigognes)

MICHEL MONNEREAU

Réminiscences dévoyées

Mignonne, allons voir si la rosse
qui ce matin avait des os
est désossée.

Mais où sont les neiges d'antan ?
demande la skieuse à des parents.

Dans la banque solitaire et glacée
deux cambrioleurs viennent de pénétrer.

C'est un trou de verdure où chante une rivière
polluée comme on en voit peu sur terre.

Un hareng saur sec sec sec
à 0,95 F à Prisusec.

Voici venir le temps où vibrant sur leur tige
les P.D.G. effleurent les 50 piges.

Tu attendais Grégoire ; il descend de l'autobus, le voici
à sa femme portant des fleurs, à ses gosses des radis.
Une atmosphère de fête enveloppe la cuisinière
mais Grégoire rigole pas, sa bagnole est à la fourrière.

Un seul hêtre vous manque et tout est déboisé.

II

RIRE A L'ENFANCE

« Quand l'enfance n'a pas existé, elle dure. »
Claudine BOHI
(*Car la vie est cerise, téléphone à ton arbre*)

« Il rit aux anges.
Méfiez-vous de son rire d'ange heureux. »
Roland BACRI (*Les Pensées*)

SERGE BRINDEAU

Aurai-je le temps...

Aurai-je le temps qu'il faut aux sauterelles
pour joindre les deux bouts
Ecouterai-je chanter les hirondelles
Te sauterai-je au cou
Peut-être irai-je au Canada
manger des pommes
ou bien à Mexico
pour jouer au grand homme
et payer mon écot
Prendrai-je la nuit dans mes bras
Aurai-je beaucoup de points blancs
dans les veines
Ma chambre tombera-t-elle
au milieu du boulevard
Perdrai-je ma peine
Aurai-je des enfants
Mon sort tient-il aux hormones
aux anémones du matin
au clinamen aux doubles croches
ou bien au clair miroir de mes deux mains
Au long des chemins creux
sauras-tu nos mystères

(*Feuillets de l'almanach,*
La Presse à bras de Monteiro, 1953)

JOEL SADELER

La cigale

Ecoutez-la
Qui prudente
Remonte
Sa montre
Chaque soir
Avant de s'endormir.

(*Inédit*)

MICHEL DEVILLE

Sabotage

Ils avaient fabriqué
Un chat botté,
Mais mal :
Il zézayait,
Leur animal.

MORALITE

Le saboté.

(*Poèmes zimpromptus*,
éd. Saint-Germain-des-Prés, 1984)

CHRISTIAN POSLANIEC

Si t'attrapes une tanche
Et que la tanche fuit
C'est qu'ell' n'est pas étanche.

Est-ce dire
Que pour la pêcher

Mieux vaut lui coller un' rustine
Qu'un hameçon au bout du nez ?

(*Inédit*)

ROBERT BESSE

madame véranda

olé ! quels soleils
dans sa robe à fleurs !

(*Inédit*)

JEAN-FRANÇOIS RICHARD

— Cornebidouille,
Le joli nénuphar ! »
Coassèrent en chœur les grenouilles
Qui raffolaient des îles flottantes
Mais la fleur chaste et pure
Craignant pour sa vertu
Susurra :
— Un coassement et je tire !
Vous êtes toutes mes otages. »

Au matin venues
Les polices libellules
Ne trouvèrent
Sur l'étang chimérique
Qu'une grosse carpe
Assez peu loquace.

(*Une étoile a crié*,
Le Pont de l'Epée, 1983)

JACQUES CANUT

« Des oiseaux ont pondu dans l'oreille
de la boîte à lettres. »

(*Humorêves*,
Ed. Saint-Germain-des-Prés, 1984)

PAUL THIERRIN

Un jour, enfants...

Un jour, enfants, la prairie était exceptionnelle, y broutaient des gazelles. Un jour le ciel était si bleu, s'exauçaient tous nos vœux. Un jour, au bord du lac, les vagues étaient si pleines, y nageaient des baleines. Un jour la neige était si haute, si chaude, si blanche, nous y plongions jusqu'aux hanches. Une aube, si pure la rosée, y déjeunaient les fées. Une nuit d'étoiles, enfants, nous avons fait voile vers le firmament. Un midi, le vent, souvenez-vous, enfants, le vent nous empoigna par le derrière et nous étions trois montgolfières au-dessus de la ville. Et nos paisibles heures buissonnières, tous alphabets oubliés, avec les canards, les canes et les ânes au mufle fraternel, et nos courses dans les herbes nouvelles avec les coccinelles, les sauterelles, les bourdons, les papillons.

(*Sexo-cardio-psycho-encéphalogrammes*,
Bienne, Editions du Panorama, 1974)

JEAN HEINTZ

Latitude nord

L'Esquimau qui a froid
Souffle fort sur ses doigts.
Mais l'esquimau idiot
Allume un chalumeau,
Incendie sa maison.

Ainsi fond, fond, fond,
Le petit igloo tout mou.
Ainsi fond, fond, fond,
Son igloo
Qui fait glou-glou.

(*Dormir sous les feuilles*,
recueil inédit)

MICHEL MONNEREAU

n'insistez pas
n'insistez pas
n'insistez pas, dit la mer
je me retire.

(*Inédit*)

PAUL VINCENSINI

Le parapluie

Un parapluie
Prit le train pour Paris
En compagnie d'une mamanrapluie

Il pleuvait beaucoup ce soir-là
Mais dans le train
Il n'y avait personne

Elle pleura un peu
Puis ils se plurent beaucoup

Au retour tout le ciel était bleu

(*Toujours et Jamais*,
Culture et Pédagogie, 1982)

ROGER PIERRE

— Vilain petit garçon, à table, arracher des mains de ton grand-père... son verre plein de vin et le boire !... toi, si jeune !

— Eh bien ! justement... je prenais un coup de vieux !

(*Les Pensées*,
Le Cherche-Midi éditeur, 1982)

FRANÇOIS DODAT

Les contes du jardinier

Le jardinier du déluge

Jardinier du Déluge, il fit monter deux par deux, dans le grenier de ses pensées les plus hardies, toutes les fleurs en état de marcher.

Levant

Le soleil repoussa d'une épaule impatiente son palais en feu, et découvrit une femme toute blonde, oubliée comme un décor surpris dans le froid des montagnes.

Scène de la vie apicole

Il régna dans la ruche un silence de foule, et la reine des abeilles ouvrit lentement le violon trémolo de ses ailes, devant les envoyés inimitables du mois d'avril.

Le printemps du général

Le général était dans l'herbe jusqu'au menton, et s'apprêtait à décorer tous les officiers du printemps.

(paru dans *Verso*, février 1983)

Les travaux et les champs

Le sourire du laboureur brûlait comme un grain d'orge dans le bonheur des champs.

Géranium

Il était beau comme un géranium en voyage, avec ses valises éclatées et neuves dans tous les coins de sa chambre.

Le miracle et son fruit

Sur le bûcher d'un fruit, le noyau volait avec les gestes d'une alouette.

Scène de la vie antique et rurale

Reine-des-prés, elle avait des yeux de Gauloise, et questionnait longuement les beaux chardons légionnaires et romains, debout sur la pente et l'élégance des talus.

(*Inédits*)

JEAN-FRANÇOIS RICHARD

Petit cu
Petit cucurbitacée
En eut vite assez
De la fée
Si belle si bonne
Itou itou
Bien avant la fin du dernier chapitre
La citrouille étrangla monsieur perrault
Et la plus belle tomate épousa
Ils vécurent heureux
Et eurent beaucoup de courgettes

(*Une étoile a crié*,
Librairie Le Pont de l'Epée, 1983)

III

RIRE DE L'AMOUR

« Pourquoi, à l'instar des objets, n'existe-t-il pas un bureau des amours perdues et trouvées ? »

Pierre DAC

(*Essais, maximes et conférences*)

« Si vous n'aimez pas votre femme,
au moins n'en dégoûtez pas les autres ! »

NOCTUEL (*Inédit*)

ALAIN SANDERS

Reddition

Rends-toi :
Tes yeux sont cernés !

MICHEL DEVILLE

Les amants de Molitor

Un couple jeune, au bord de choir,
Pas très expert, I am afraid,
Accaparait la patinoire,
Lui tout en blanc, c'était Alfred,
Elle anonyme en tutu noir.
Ils pirouettaient, se bécotaient,
Se chuchotaient des mots qu'on tait,
Et patatras, les fers en l'air,
Atterrissage sur les fesses.
Le jeune amant se met à braire
(Révélant là sa petitesse),
Quadruple entorse du genou,
Déchirure des ligaments,
Déchirement des dits amants,

Un beau roman qui se dénoue,
Cela s'observe tous les jours,
On ne patine pas avec l'amour.

(*Poèmes zimpromptus*,
éd. Saint-Germain-des-Prés, 1984)

ANONYMES

Dieu fit d'abord

Dieu fit d'abord l'homme
Et la femme ensuite ;
D'abord on construit les tours,
Ensuite les girouettes.

★

Que j'aie la bouche...

Que j'aie la bouche grande,
Que j'aie la bouche petite,
Si tu ne dois pas m'épouser,
A quoi bon la mesurer ?

(*Coplas espagnoles*,
traduites et publiées par Guy Levis Mano)

EDGAR SMADJA

Je lui appris tout d'abord à ne plus aimer les cornichons. Le reste suivit, tout naturellement.

(*Inédit*)

PIERRE DORIS

— Quel décolleté, Madame ! Quel décolletté, Madame !
— Pourquoi le dites-vous deux fois ?
— C'est l'écho !

Cité par Philippe Héraclès
(*Le Petit Macho de poche*,
Le Cherche-Midi éditeur, 1984)

JULES LEVY

— Femme : rose qui prend parfois deux s.

(*Le Petit Macho de poche*)

JULES RENARD

Quand on veut embrasser une femme frigide, on a l'air de vouloir écartei de la neige.

NOCTUEL

« La nudité est une absence de vêtements qui ne manque pas d'effets. »

MICHEL LESEUR

C'était un beau parleur
Elle était bouche bée
Il en profita pour l'embrasser
... et elle but ses paroles

(*Faits d'amour et de mort*)

Elle eut des caprices
Il eut le coup de sang
C'est ainsi qu'on devient martyr

Elle eut des varices
Lui le goût du sang
C'est ainsi qu'on devient vampire

(*Faits d'amour et de mort*,
Imbert-Nicolas, Niort, 1975)

JACQUES CANUT

L'été, les femmes ont du génie dans leur anatomie.

(*Humorêves*,
éd. Saint-Germain-des-Prés, 1984)

JACQUES JOURQUIN

Des pointes et des ronds
comme c'est doux
la voix reconnue
comme c'est fou
des souplesses tièdes
comme c'est roux
cette odeur serrée
comme c'est tout.

Moi je vous aimais
comme c'est vous.

Elle
compte son amour
comme ses sous.

(*Ils s'appellent tous Martin*,
éd. J.-C. Lattès, 1974)

PAUL THIERRIN

Elle

Elle remontait le Guadalquivir dans une voiture de haut prix. Elle me prit et me fit son émir. A Séville, je dépensais par mille, mais à Cordoue, elle devint floue, à Burgos, j'étais son os, à Saint-Sébastien son chien. Je lui dis bye-bye à Hendaye.

(*Sexo-cardio-psycho-encéphalogrammes*,
Bienne, éditions du Panorama, 1974)

EDMOND DUNE

Anecdote

Anecdote. Un mari achète un cadeau pour sa femme, deux gobelets, l'un marqué MOI et l'autre, TOI. Rentré chez lui, la dispute éclate aussitôt, chacun des deux voulant pour lui le gobelet MOI.

(*A l'enseigne de Momus*,
RTL-Edition, 1984)

PIERRE PERRET

Sacrifice

— Dites-lui même que sa mère peut venir habiter chez nous !

★

— Le comble de la mesquinerie, pour un amant qui vit chez le mari de sa maîtresse, c'est de sous-louer, pendant ce temps, son propre appartement.

(*Les Pensées*,
Le Cherche-Midi éditeur, 1982)

ROGER PIERRE

Lui, c'était un humble scieur de lames de parquets...
Elle, elle vendait modestement des draps, des tissus, des cotonnades.
Ils se marièrent... et marièrent aussi leurs deux affaires.
Et ils firent fortune en fabriquant DES PLANCHES A VOILES !

(*Les Pensées*,
Le Cherche-Midi éditeur, 1982)

CHRISTIAN POSLANIEC

Je l'ai voulu aimer
mais elle était de bois.
Quand je l'ai caressée

du bout des doigts,
je me suis planté
une écharde
en plein cœur.

(*Inédit*)

Elle avait des jambes comme des poteaux laids. Tout le monde l'appelait Perrette, allez savoir pourquoi !

(*Inédit*)

J'aime les seins petits... petits... petits... qui viennent picorer ma ligne de chance.

★

Offrez de l'amour surgelé, ça survit même à la rupture.

(*Et voici maintenant quelques pensées profondes !*
recueil inédit)

MICHEL MONNEREAU

Que de demoiselles
aimeraient toucher
des draps d'auteur !

(*Inédit*)

ROBERT VITTON

Sobriquet pour elle

Claude c'est aussi un prénom féminin
Puisqu'ainsi tu te prénommes
Mais moi je t'appelle Reine-Claude
Et je t'aime pour des prunes.

(*Prémices*,
éd. de la Grisière, 1970)

ALEXANDRE OLER

Le toucher

Tu m'avais dit : « Prends-moi, c'est tout.
Tu ne me devras jamais rien.
Je ne peux souffrir aucun lien.
Prends-moi toute, après, je m'en fous. »

Ah ! Là ! Là ! Le con ! Le chien fou !
Comme j'ai mordu dans tes seins !
Comme j'ai bavé sur tes reins !
Tes deux bras autour de mon cou.

J'aurais dû voir venir le coup.
Il y a bien trente ans. Quoi ? Hein ?
Trente-cinq ? Ah ! bon. Trente-cinq.
De quoi ? De mariage. Voilà tout.

(*Inédit*)

ROLAND BACRI

— Cher ami, si vous êtes libre demain soir, puis-je débarquer chez vous avec trois amis et cinq filles splendides ?

— Je vous reçois cinq sur cinq.

(*Les Pensées*)

MICHEL LESEUR

Auto-stop

Il était bon conducteur
C'était une allumeuse
En un éclair
Ce fut le coup de foudre...

Les cendres de leurs corps
— Une drôle de poudre —

Furent pour l'assureur
Un problème à résoudre

(*Faits d'amour et de mort,*
Imbert-Nicolas, Niort, 1975)

JACQUES JOURQUIN

J'arrive

J'arrive avec le jour qui meurt
le soir sanglant
le jour est sans heure
j'arrive avec le jour qui ment.

J'arrive la nuque en avant
les mains tavelées
j'arrive des sables mouvants.

J'arrive c'est un succès déjà
chaque heure fut arrachée depuis le commencement
quelquefois à moitié
comptent-elles entièrement
les mains tavelées sont aussi des mains en sang.

Les yeux pris de mémoire ne voient exactement
à travers eux c'est pire
le dedans illisible
et j'arrive avec ces yeux-là.

J'arrive
la boule de terre énorme s'est brisée
certains morceaux perdus quoique non oubliés.

J'arrive en partie seulement.

J'arrive comme un solde comptable.

J'arrive

attends-moi

nous partons.

(*Ils s'appellent tous Martin*,
Jean-Claude Lattès, 1974)

PIERRE JOINUL

L'amour

A Sûnya.

L'amour est fait de petites choses
Un a
Un m
Un o
Un nu
Un air
L'airelle aux fruits bleus
La girolle saumonée
Le lièvre fou
                    aperçus ensemble au matin
La main tendue près du ruisseau
Le bouquet de fougères
Le bouvreuil en son nid
La branche que l'on casse pour laisser passer l'autre
Les coups de pied au cul que l'on prend à sa place
Le baiser
Le baiser avant de partir à la guerre
Et cette balle en plein cœur qui se croit si maligne.

(*Oublions nos querelles,
voici que s'avance le vitrier boiteux*,
Paris, éd. Georges Girard, 1973)

IV

RIRE AU QUOTIDIEN BANAL EMBARRASSANT MELANCOLIQUE

« L'habit râpé d'un honnête homme luit de toutes ses dettes payées. »
Xavier FORNERET

« Là où il plaisante, se trouve caché un problème. »
GOETHE

« Il n'est pas bon pour le moral d'un pays de compter trop d'humoristes. »
WOLINSKI (*Les Pensées*)

ALEXANDRE OLER

ALLEZ VITE ACHETER N'IMPORTE QUOI. VOUS PAIEREZ MOINS CHER.

(*Inédit*)

PAUL THIERRIN

Etre l'homme banal...

Etre l'homme banal, qui sait parler de pluie et de beau temps, trouve le ton juste aux « merde et bravo », a le vin camarade, la joue embrassante, la jambe dansante, le clin d'œil facile, la chemise sportive, le poil régulier, le nombril conquérant, l'oreille à tout, le sexe hebdomadaire, la poignée de main définitive, les épaules carrossées, la lèvre étroite, le biceps poids et haltères, le temps précieux, les ongles taillés droit.

Etre l'homme banal qui porte pantoufles, digère en musique, sait sa TV par cœur, a son tailleur, son médecin, son dentiste, le cheveu tranquille, les billets par mille, la carrière faite, les enfants élevés, l'épouse-ménopause, lit le Goncourt, a saule et villa, la charité comptabilisée, le signe de croix leste, le salut du fisc.

Etre l'homme banal, sous-officier, membre honoraire, passif, actif, été Côte d'Azur, hiver Zermatt, qui a la signature réfléchie, le subalterne admiratif, le voisin condescendant, la concierge-salamalec, le café-crème politique, l'apéro potinier, la voiture rutilante, le dépassement arrogant, le klaxon moralisateur.

Etre l'homme banal, qui a des amis dans la Police et les Hauts Bureaux, réussit la fondue, le poulet au gril et le riz casimir, a son lundi-couche-tôt, son mardi-comité, son mercredi-T.V., son jeudi-invités, son vendredi mâle, son samedi femelle, son dimanche-famille.

Pas d'ennemis, du tutoiement. Pas de maîtresses, la fesse du hasard. Pas de condamnation pour détournement de mineurs ; sait se détourner à temps.

(*Sexo-cardio-psycho-encéphalogrammes*,
Bienne, Editions du Panorama, 1974)

JEAN HEINTZ

Chimère

Mon beau rêve crachait des flammes.
Je m'en éloignais à regret.

(*Inédit*)

LOU DUBOIS

Désir

Je suis rentré à la maison fatigué par un très long voyage et poignée en main, j'ai senti que je n'étais plus maître de la situation. J'ai voulu me reposer mais ça a commencé par la chaise. Son manège était simple.

Elle est venue s'asseoir sur mes genoux, sans rien dire, frottant ses longues jambes moulées aux miennes. Le bois veiné était chaud. J'ai dû la repousser.

Puis le lit est venu se coucher sur mon corps moulu, de tout son long, toute gêne bue. Moelleux. D'un coup de reins, j'ai roulé sur le parquet.

Pour me rassurer, j'ai allumé la télévision. Son œil clignait. J'ai fui à la cuisine et là, toutes les lampes me regardaient. J'ai coupé le compteur.

J'ai senti alors mes habits me caresser. Je me suis laissé faire.

(Extrait du recueil inédit
Du bruit dans les yeux, à paraître chez Magnard)

ODILE CARADEC

Le restaurant

Ici les viand's vivantes dévorent les viandes mortes
les viand's assises sont comme les grand's balein's
amorphes

Un client tout en viande avec un chien en poils
se glisse entre les tables

Peu importent bijoux, soies, fards, ferblanterie
tout tombe, c'est l'automne
Viande et billets de banque ensemble tourbillonnent.

(*Inédit*)

ROBERT BESSE

« Où donc ai-je rangé mes clés ? » crie le verrou.

(*Inédit*)

UN TIERCÉ DE CINEMA

MICHEL DEVILLE

La tragédie du chef opérateur

Il fit toute sa vie
    Allumer des spots

Et devint inévi-
Tablement despote.

(*Poèmes zimpromptus*,
éd. Saint-Germain-des-Prés, 1984)

JOEL SADELER

Le soleil

Le soleil releva la tête
S'épongea le front
Et cria à Dieu
« Coupez »
Il a fait assez chaud
En Australie
Aujourd'hui.

(*Inédit*)

CECILE RIBIERE

Safari

La savane fuyait à grands pas
devant l'éléphant roux à la queue
blonde. Original ?
Le standardiste avait mis la pellicule
à l'envers.

(*Inédit*)

GUY-GUY BOUZOUNE

Fainéantise

Il prend la clé des champs
Par une porte dérobée,
Le voleur de grand chemin.
Mais il est trop cossard
Pour faucher les prés.

(*Inédit*)

ALAIN SANDERS

Hic, haec, hoc

à F.B.

Pour certaines femmes
Les années de champagne
Comptent
Double

O saisons, ô châteaux

Quand elle
Faisait
Un créneau
Ça devenait
Une meurtrière.

JEAN BER

Physique

Au bal du lycée
avec son prof de sciences
profond comme un puits
elle a dansé
une valse communicante.

(*Prospectus*,
éditions du Panorama, 1977)

ALAIN SANDERS

Thaïlande rêvée

Tout en haut
De la butte
Quartier chaud

Et de rut
Y'a Julie :
Kinési-
Thérapute.

(*Inédit*)

PIERRE CHABERT

Le passé et l'avenir

Le passé est fatal, le passé est la fatalité. L'avenir ignore la fatalité, il est jeune, il improvise. Fait signe entre les branches et proclame que l'amour fait du bien. Silvain râpeux, chaleureux, sous les aigles. Et la fille à la bouche grande, qui te salue au passage, nue sans complexe. Le torrent est glacé, de plus en plus, à mesure que l'été progresse. L'avenir est familier, sans tendresse, il se détourne des amants coagulés. L'avenir te connaît, direct, dru, lavé, sans mémoire. Sans foi ni loi, sans autre foi, sans autre loi que le bon, le souverain plaisir. Avenir de glace et de brûlure, faut-il hésiter, douter de soi ?

(*Inédit*)

PAUL THIERRIN

Un jour

Un jour on se lève
On oublie sa prothèse dentaire
sur la table du lavabo
On pisse de travers
On roule quelques kilomètres
puis on broie du noir dans les zones bleues

Un jour on se lève
On marche sous le soleil
Vêtu d'un imperméable
et on demande l'heure
aux enfants qui n'ont pas de montre

Un jour on se lève
on exige dans les restaurants
des bisques de crapauds
du vin qui sent le bouchon

Un jour on se lève
gaga
et rutabaga.

(Extrait du recueil inédit *Un homme*)

GUY-GUY BOUZOUNE

Le trouillomètre à zéro

Pourquoi cette peur bleue,
Pourquoi ces cris d'orfraie,
Ces regards fiévreux,
Ces visages prostrés ?

Non ! Non ! Non !
Non ! Non ! Non !
Non ! Non ! Non !
Non ! Non ! Non !

Je ne vois pas pourquoi
Je ne vois pas pourquoi
Je ne vois pas pourquoi
LE FOND DE L'AIR EFFRAIE !

(*Inédit*)

JACQUES JOURQUIN

La voix élevée
j'ai levé les bras
pour m'en protéger.

La boue noire a pris
autour des souliers
les pieds sont dedans.

Passages d'oies sauvages
mauvaise nouvelle
qu'on m'arrache les oreilles.

Et les yeux percés
mes nœuds de lacets
les gestes d'amour
je les achève en hésitant.

(*Ils s'appellent tous Martin,*
éd. Jean-Claude Lattès, 1974)

JEAN-CLAUDE VALIN

Fleurs de peau

Pour NORGE.

Les riens du tout qui nous habillent
ont les poches bourrées de trésors
des bouts de ficelle des billes
nos épices notre Pérou l'or
que charrient les yeux des filles

Au dehors nous paraissons nor-
maux comme cloches pour la messe
mais à Pâques qui perd le nord
pour qui les bordées les kermesses
qui vient de loin qui va-t-à Rome ?

Au dehors nous sommes des hommes
sociaux comme les zosiaux
mais l'en-dedans curriculum
nous sauve d'être bêtes à zoo

Et nous pouvons aller tout nus
nos doublures ont tant fleuri !

et nous pouvons pleurer toujours
pour démêler les nœuds du rire !

(*La Mort née*,
Poitiers, Oracl édition, 1983)

JEAN BER

Art poétique

Il y a des poèmes que j'écris
de la main droite
d'autres que j'écris parfois
de la main gauche
selon l'inspiration
Il y en a d'autres
que je n'écris pas
mais que je pense
et que je sens

Mais tout bien réfléchi
ce ne sont pas des poèmes
Si je les pense
c'est donc que je suis
si je les sens
c'est qu'ils ont une odeur

Et une odeur ne fait pas un poème
c'est bien connu.

(*Prospectus*,
Bienne, éd. du Panorama, 1977)

JACQUES-LOUIS FRANÇOIS

Guerre

Regardez deux odeurs s'attraper au collet (ce qui est façon de dire) :
L'une vient d'un côté, et l'autre lui fait face. Elles tournent longtemps sur elles-mêmes, persuadées. Puis l'une autour de l'autre, sans se mêler. C'est parfois très long, c'est toujours très excitant.

C'est le début de la lutte : une des odeurs s'étant éloignée, elle s'élance bientôt sur sa rivale. Si cette dernière se dérobe, ce qui arrive le plus souvent, tout est à recommencer, sinon...

Sinon l'odeur attaquée ouvre légèrement ses volutes. Il s'y glisse aussitôt des molécules adverses : les volutes entrouvertes se resserrent alors, fortement, fébrilement. Les autres, au contraire, s'enflent de tout leur volume à s'en faire éclater.

Si ce qui est pris de l'odeur assaillante résiste à l'étouffement ainsi tenté, elle tient la victoire.

Elle peut alors espérer la conquête du monde. Mais il est toujours une odeur plus forte.

Ne croyez pas que cela se passe toujours comme je viens de le décrire. Non, car si les odeurs sont ennemies entre elles, elles ont toutes un ennemi commun ; cet ennemi, c'est le vent.

S'il surgit, vite les deux odeurs se réconcilient. Elles luttent côte à côte. Mais elles ont rarement le dessus. Tout au plus retrouve-t-on quelques relents (ainsi nomme-t-on les squelettes d'odeurs), bas, très près du sol, après le départ du grand cavalier.

(*Les Naufragés clandestins*, H.C., 1967)

V

HISTOIRES... DE RIRE !

« Pour moi, une journée sans canular, c'est un gruyère sans trou. »

Francis BLANCHE
(*Les Pensées*)

« Le pessimiste prend toujours l'humour du mauvais côté. »

Jacques CANUT
(*Humorêves*)

« Décidément, je supporte très mal le pathétique ; ce qui répond aussitôt en moi, c'est l'ironie. »

Jules RENARD

MICHEL DEVILLE

La carpe et le lapin

Du jour où le lapin eut épousé la carpe,
Il devint mélomane, allez savoir pourquoi,
Et ce ne fut plus lors que clarinette et qu'harpe,
Pour tout potage — et tout dessert.
A quoi, à quoi,
(C'était son tic)
A quoi, à quoi tout cela sert,
Demandait alentour l'animal aquoitic,
Affamé, presque sourd et désillusionné.
Très lapince-sans-rire, un peu vache et lettré,
L'autre alors répliquait, en sifflant la Neuvième :
Carpe diem...

Ce qui devait arriver,
A la vitesse grand V,
Arriva. La carpe, oh ! non,

Un soir, lasse de son mec,
Se jeta du haut d'un pont
Dans une rivière à sec.

(*Poèmes zinadvertants*,
éd. Saint-Germain-des-Prés, 1982)

MICHEL MONNEREAU

Un soir les diligences roulaient sur le toit
les cochers avaient le sang à la tête
les chevaux usaient poil à poil leur crinière.
A l'auberge les palefreniers marchaient sur la tête.
Les tables, les quatre fers en l'air,
supportaient ainsi les verres.
Les bougies fondaient en larmes.
Les chats se déplaçaient par roulades.
Les œufs tombaient des nids.
La lune était accrochée par une ficelle.
Une pendule hoquetait.
Le vin ne restait pas sur l'estomac...

— Enfin, me dit ma mère,
tu vois bien que tu tiens ton livre à l'envers.

(*L'Arbre à poèmes*,
Nouveaux Cahiers de Jeunesse, 1973)

Tragique accident de chasse : il prend sa femme pour une palombe et l'abat en plein vol.

(*Inédit*)

SERGE BAUDOT

Renaissance

L'automobile s'en allait seule sur la route déserte.

Depuis plusieurs mètres déjà le réservoir était vide. Elle roulait sur son erre à très faible allure, épousant tous les changements du paysage.

Petit Poucet technologique, elle marquait son sillage boulon à boulon, pièce à pièce.

C'est ainsi que l'on vit tomber des bielles et des pistons, des culbuteurs et des rupteurs, des filtres et des bougies, les chemises et la culasse, l'embrayage et le freinage, un vilebrequin et tout le saint-frusquin, et même, ô joie, une enluminure.

Quand le dernier écrou du moteur eut marqué son heure, une portière se détacha et tomba. Puis l'autre. Et l'autre. Et la dernière. Et celle du coffre. Et le coffre.

La voiture continuait son chemin, tranquille. Elle abordait maintenant une longue ligne droite de la petite route de campagne à l'ombre des cerisiers fleuris. Elle abandonnait aux boutons d'or des bas-côtés un montant, puis l'autre, des tôles de toutes les formes, des fauteuils, des cadrans, tant d'objets particuliers et fonctionnels, cendriers et pédales, et finalement un volant.

Pour franchir le ruisseau, le petit pont faisait le dos d'âne. L'automobile peina un peu et laissa ses essieux à la sortie du pont.

Quand les quatre roues suivies de la roue de secours restèrent seules sur la route, l'automobile coupa tranquillement à travers champs et s'avança vers la forêt.

Alors chacune des roues partit de son côté à la recherche de l'arbre à caoutchouc.

(*Inédit*)

PIERRE DELLA FAILLE

Métempsychose

Embarqué à Calcutta, Shri l'Intouchable fit le voyage de Rotterdam sous forme de squelette concassé.

L'Europe en fit de la colle.

Plus tard, Shri l'Intouchable fit le voyage de New York au dos d'un timbre-poste.

Depuis que Dieu est technocrate, ainsi vaguent les âmes de quelques privilégiés.

(*Folie Robot*,
éd. Saint-Germain-des-Prés, 1974)

MICHEL DEVILLE

Désillusion

Assis devant sa niche, un gros chien, tristement,
Regardait dans la nuit disparaître son maître
Qui l'avait attaché (battu, même, peut-être ?)
Et le gros chien pensait, en lissant sa moustache
D'un geste négligent :
« On s'attache, on s'attache... »

(*Poèmes zinadvertants*,
éd. Saint-Germain-des-Prés, 1982)

ANDRE GAILLARD
et TEDDY VRIGNAULT

Deux coups de téléphone

— Allô, maman ?
— Oui ?
— C'est Jésus...
— Non ?...
— Messie.

★

— Allô, docteur, je voudrais prendre un rendez-vous.
— Désolé, je suis le médecin malgré lui.
— Ça tombe bien, je suis le malade imaginaire !

(*Les Pensées des Frères Ennemis*,
Le Cherche-Midi éditeur, 1980)

JEAN-FRANÇOIS RICHARD

Le gros flic fait dodo
Qui me surveille en bas

Angle du boulevard
Tweed fatigué
Et Oldsmobile noire.
Je lui porterais bien un peu
De ma prune de pays
Pour lui réchauffer le cœur
N'était la crainte de mal faire.
Mais le gros pot de chrysanthèmes
Sur ma fenêtre serré
Le vent sans doute...
Et le charme est brisé
Je m'éveille alors

(*Une étoile a crié*,
librairie Le Pont de L'Epée, 1983)

FRANCIS BLANCHE

Projet de solidarité hygiénique

Il faudrait organiser une Grande Semaine de l'Eczéma. On demanderait à la troupe des Epidermes de la Sorbonne de jouer *l'Herpès*, d'Aristophane, et *Psoirasis*, d'Eschyle ; et, à l'anthrax, une exposition de croûtes au foyer d'inflammation, avec dégustation de glaces à la pénicilline.

De même, le Comité national pour la diffusion de la Conjonctivite pourrait organiser une distribution de pommades, avec séances publiques de grattage et démonstration d'acné juvénile, par le Sporting Club de L'Haye-les-Roses et sa section d'urticulture.

Le théâtre de l'Opéra, de son côté, annoncerait une reprise de *L'Acné*, puis du *Spectre de la Roséole*, ainsi que la création du ballet espagnol : *Impétigo*. Il serait prudent de louer ses plaques.

(*Les Pensées*,
Le Cherche-Midi éditeur, 1984)

CECILE RIBIERE

Ils étaient quarante et un
en comptant Sésame,
cette vieille chèvre

Les quarante voleurs respiraient du fer.

Ali Baba. Venga ! Venga ! (A l'espagnole, je vous prie). Les fusils n'existaient pas. La fleur au bout du sabre. 3e dan, breveté, droits de reproduction réservés pour tous les pays.

Les quarante voleurs priaient. En beauté.

Ali Baba. Venga ! Venga !

Et il entra. Sésame, ferme-la. Je ne t'ai pas sonnée. Sésame, traîtresse.

Les quarante voleurs attendaient. Ali fut découpé.

Anda ! Anda ! Les quarante voleurs l'ont enterré. Tant d'attentions, c'est bien gentil. La courtoisie. Les quarante indiens ne sont pas des barbares. Comme il convient, Ali Baba n'était pas beau. Sésame, ferme-la !

(***Inédit***)

VI

QUELQUES MYTHES DECRASSES PAR LE RIRE

« Il y a des gens qui sont chauves au-dedans de la tête : ce sont ceux qui n'ont pas le sens de l'humour. »

Francis BLANCHE
(*Les Pensées*)

JACQUES-LOUIS FRANÇOIS

Ulysse

Ulysse referma violemment la porte derrière lui.

Le chien qui le suivait se mit à fureter partout, à mordre les tentures. Arrivé à quelques mètres de la porte du palais, un chien sale et galeux s'était jeté sur lui ; il n'avait dû qu'à son agilité de n'être pas mordu.

Et puis le chien l'avait suivi.

Pénélope était dans l'antichambre dont il venait de refermer la porte.

Elle reprisait des chaussettes à l'aide d'un œuf de bois dont, de temps à autre, elle se frappait le crâne pour se rappeler son rang.

Elle était vieille. Très vieille.

Mille mouches l'assaillaient.

Ulysse regretta sa liberté ; « vieille salope ! », lui dit-il même.

Et il se réinstalla dans la pourriture de ses vieilles pantoufles qui n'avaient pas tout à fait fini de l'oublier, au coin de l'âtre.

(*Les Naufragés clandestins,* H.C., 1967)

FRANÇOIS DODAT

Le brouillard ému

Le vieillard avait des mains d'arc-en-ciel, et le brouillard ému le fit asseoir dans sa très longue salle à manger sans meubles ni murailles.

L'arbre foudroyé

Ses mains s'en allaient sous la terre comme des signatures... Un corbeau solitaire et noir lui tenait lieu de mémoire et d'ami.

Icare

Conquérant de l'espace, il se savait suivi, et préféra décrire un arc-en-ciel inoubliable entre sa mémoire et lui.

Le nom de Noé

Enfin Dieu qui écoutait dans la coquille du Déluge mûrir la colombe et la pluie, noua sur le tableau des montagnes, et en lettres de nuées, le nom encore inconnu de Noé...

(*Inédits*)

ARMAND ISNARD

C'est la journée des miracles à Lourdes. En quelques heures, trois miracles spectaculaires ont bouleversé les fidèles. Un aveugle est ressorti de la piscine en hurlant :

— Je vois ! Mon Dieu, je vois !

Un sourd en est sorti en s'écriant :

— J'entends, vous entendez, j'entends !

Un manchot a pu nager jusqu'au bord et en sortir tout seul. Un paralytique qui a assisté au troisième miracle libère le frein de sa petite voiture et se laisse tomber dans l'eau. Quelques minutes plus tard, comme il n'est toujours pas ressorti, on se précipite pour le tirer de la piscine. Il ne marche toujours pas mais sa petite voiture a des pneus neufs !

(*Les Meilleures Blagues d'humour noir,*
Le Cherche-Midi éditeur, 1984)

NORBERT GLADY

A la fin de sa Création
Dieu prit ses aises sur un majestueux nuage
les doigts de pied reposant sur la Terre
et après avoir observé les Terrestres

il pencha trois fois sa grande tête en avant
en balbutiant :
« C'est ma faune, c'est ma faune
c'est ma très grande faune ! »

(*Inédit*)

ALAIN SANDERS

En vair et contre tous

Chaque fois
Que Cendrillon
Voulait prendre son pied
Ell' perdait
Sa chaussure.

(*Inédit*)

DIDIER ELIOT

Malentendu mythologique

— Thésée ? Vous ?
minauda le Minotaure (surnommé à tort le Crétin de Crète)
éreinté au fond de son labyrinthe et suçant sans raison des raisins de Corinthe
Puis le silence fut
Mais
Thésée — pas si fou — du fils de Pasiphaé trancha la tronche
Et
Minotaurisé
Remonta le fil de ses pensées dans son Ariane
et détala de la crèche à Dédale
Le pied à fond sur la pédale...

(*Histoires d'i*,
éd. Saint-Germain-des-Prés, 1973)

LUCIEN DIAMANT-BERGER

Un méconnu

Que sait-on de Louis Seize ? Il aimait les serrures,
Et fut guillotiné par la Révolution.
C'est tout. Quant à la Reine, affolée de luxure,
Elle avait fait un poulailler de Trianon.

Or, quand on étudie son règne avant l'orage,
On constate qu'il fut un monarque très sage,
Et que nous lui devons peut-être d'exister.
Deux grands faits, en effet, valent d'être notés.

De la pomme de terre, il fut l'initiateur,
Et des Etats-Unis, presque le fondateur.
Les frites d'un côté ; de l'autre, La Fayette !

Ce n'est pas mal ; ça vaut quelques remerciements,
Et s'il fut débordé par les événements,
Pardonnons-lui d'avoir... un peu... perdu la tête.

(*De derrière les barreaux*,
Vence, Editions du Galion, 1947)

JACQUES-LOUIS FRANÇOIS

Mythe

— Si je n'étais pas sûr d'être le plus adroit des matelots, disait le commandant, je penserais à un naufrage !

Et l'eau s'engouffrait dans les soutes, à toute écume.

C'était un beau spectacle : au contact du charbon, le sel disparaissait ; et l'eau de mer n'était plus que de l'eau, prête à s'enfuir.

Plus rien qu'un peu de mauve, par endroits, glissant.

D'admirables soutiers morts flottaient çà et là, et on voyait qu'ils n'étaient pas là qu'en guise d'ornement.

Tout au fond de leurs yeux, regret du continent, un peu de terre résistait vaguement encore. Un souvenir en somme.

Le commandant, admirable en sa hâte, en décousait, déjà, avec la vie... Mais bientôt une housse d'eau de mer l'emportait avec elle, le convoyait, plein de rancune. Il tenta d'être le plus fort, distrait, mais le varech le ficelait. Et tout disparut sous la coque, comme dans un éclair.

Le vapeur continuait sa danse et s'il n'était plus qu'un jouet, il n'en demeurait pas moins respectable.

Les passagers, enchaînés déjà par l'ailleurs, se brisaient aux parois, sûrs ainsi de ne pas se défendre.

D'autres, plus fiers, comptaient des étoiles et les jetaient pêle-mêle dans les chaloupes, quitte à périr eux-mêmes.

Enfin, une femme très décolletée, parut. Elle était encore en robe du soir.

A sa vue, l'onde se replia un peu. Elle ôta sa robe qui la laissa nue, plongea dans la mer déchirée, et tout redevint calme.

Plus tard, beaucoup plus tard, on apprit qu'elle était née d'un cheval et d'une coquille d'huître.

(*Les Naufragés clandestins,* H.C., 1967)

VII
CEUX QUI PENSENT EN RIANT

« Quel dommage que les penseurs soient si souvent des pense-sans-rire ! »
NOCTUEL

« Souvent, il n'y a rien dessus, tout est dessous. Cherchez. »
PARACELSE

« Humour, pudeur, jeu d'esprit. C'est la propreté morale et quotidienne de l'esprit. »
JULES RENARD

ROLAND BACRI

« Cette expression : « rendre la justice »...
A vomir ! »

★

« Ces types sont d'une logique ! Pour expulser des gens, on leur fait une mise en demeure ! »

(*Les Pensées*,
Le Cherche-Midi éditeur, 1979)

FRANCIS BLANCHE

— Plus je connais les hommes, plus j'aime les femmes.

★

— Je n'empêche pas les gens de marcher où ils veulent. Sauf sur mes pieds. Mais comme je ne chausse que du 40, il y a de la place à côté.

★

— Si l'on te frappe sur la joue droite, ignore ce que tu fais de ta main gauche.

★

— Je suis un non-violent : quand j'entends parler de revolver, je sors ma culture.

★

— Vous me demandez si je suis athée ?... Je suis plus intéressé par notre vie d'ici que par leur au-delà.

★

— Si vous n'aimez pas les cercueils, on vous fera monter de la bière !

(*Les Pensées*,
Le Cherche-Midi éditeur, 1984)

GERARD DELANNOY

Pensées

Dieu.

Nous manquons terriblement d'envoyés de Dieu ; le Ciel doit être en rupture de stock.

Doute.

Le doute est l'*auxiliaire* de l'humain : c'est la capacité d'*être* sans se laisser *avoir*.

Indigné.

Il y a, dans tout indigné, un fanatique qui sommeille.

Parler.

Il y a des gens qui vous coupent la parole avec une tronçonneuse.

Totalitarisme.

Une bonne foi pour tous une bonne fois pour toutes.

(*Inédits*)

PIERRE JOINUL

— Quand l'herbe sera syndiquée, on ne pourra plus s'asseoir.

(*Oublions nos querelles,*
voici que s'avance le vitrier boiteux,
Paris, éd. Georges Girard, 1973)

PIERRE PERRET

« L'argent ne fait pas le bonheur de celui qui m'en a prêté ! »

(*Les Pensées,*
Le Cherche-Midi éditeur, 1979)

CHRISTIAN POSLANIEC

A trop m'agenouiller au chevet des demoiselles, vêtu de mots magiques et d'érections hautaines, je suis devenu un notable de nuit.

(*Inédit*)

REGINALD PICKERSGILL

Etant donné un escargot
quelle est la vitesse du vent ?

★

J'aime le mot éternité
Il laisse du temps.

(*Pour les oiseaux,*
recueil inédit)

WOLINSKI

Le premier homme qui est mort a dû être drôlement surpris.

★

J'aime qu'on rigole du malheur. C'est une attitude saine.

★

Quand je n'écris pas, je cherche mes mots.

★

Vieillir, c'est savoir perdre.

★

J'aime mieux penser aux femmes que je n'ai pas eues qu'aux femmes dont je me suis contenté.

★

Quand on ne sait rien faire, il faut avoir de l'ambition.

★

Au bout de 15 ans de chômage, on devrait avoir droit à une retraite de chômeur.

(*Les Pensées*,
Le Cherche-Midi éditeur, 1981)

VIII
RIRE AU FANTASTIQUE

« Niaiser et fantastiquer. »

MONTAIGNE (*Les Essais*)

« A en croire ces Darwin de canapé, l'homme descend du songe. »

ROLAND BACRI
(*Les Pensées*)

FRANCIS BLANCHE

En cas d'incendie

En cas d'incendie : n'attendez pas que le feu s'arrête de lui-même, cela risque de durer trop longtemps. Hâtez la combustion, en arrosant, avec un tonneau d'essence. Puis, jetez dans le foyer tout ce qui est menacé ou risque de l'être et tout ce que vous trouverez alentour.

Plus vite le combustible sera détruit, plus tôt le feu s'arrêtera. Mais attention aux voisins... qui peuvent toujours appeler les pompiers.

(*Les Pensées*,
Le Cherche-Midi éditeur, 1984)

LOU DUBOIS

Chambre d'hôtel

La chambre était triste. Murs blancs fissurés. Lavabo plâtré comme un malade. Miroir dont le tain s'écaillait. Appliques luminaires tachées de peinture. Travail grossier. Ces rideaux de drap blanc !

Nous nous fanions. Je m'étiolais.

Je suis descendu dans le bruit de la rue et, chez l'herboriste, j'ai acheté des graines LOUISE DE VILMORIN.

Méticuleusement, je les ai semées sur les carreaux de mosaïque, au pied de la fenêtre.

Maintenant les rideaux sont fleuris.

(Extrait du recueil inédit
Du bruit dans les yeux,
à paraître chez Magnard)

HENRI HEURTEBISE

Le Paradis

C'était d'immenses nuitées bleues : l'air y était offert par Odororo et Parfumrara. Les inhabitants y vivaient souples et lavables. Leur pratique ceci ou leur confortable cela les faisait un jour remarquer. Un jour, le Miracle avait lieu : tu seras à la droite du père.

Les maris couraient alors se jeter dans les bras de leur femme à la Vaisselle souriante : leur Mérite était reconnu, leur Evier débouché, leur Amour assuré. A leurs pieds, les enfants chicorés jouaient à Babanux. Ils venaient des contrées lointaines où les herbes se déroulent au ralenti. Espiègles selon les Règles, ils apprenaient aux Accidentaux les Vertus éclatantes de leurs montagnes, de leur pluie, de leurs plaines, de leur air, de leur eau douce comme Bittel, de leur arbre-cachette.

Et c'était, ma foi, bien joli de les voir si parfaits, tous ces gens de Grande Réclame.

Au Pays de Grande Réclame, à l'ombre, au sec, dans les éviers devant les Saignoles se pointaient des êtres brillants, fraîchement repassés, Archi-Super. Leur Hypersourire, leur Grande Facilité de Paiement les couvraient de Vestes magnifiquement achetées avec lesquelles ils entreprenaient des Pirouettes de Rapport allant du simple au double (en période de Moyenne Expansion). On reconnaissait là le Prestige Français, ce je ne sais quoi d'instruit, de racé, de britannique.

Leurs Boîtures étaient longues, bien carrelées, sensuelles même, munies d'un joli Sourire de Femme entre les essuie-glaces, sur le Capot avant, ou dans le Pré voisin, au bord duquel serpentait un Petit Ruisseau, modèle Syndicat d'Initiative.

Les couleurs étaient vives et vacancières : bleu-camping, jaune-bronzé, orange-toile, ou alors carrément vert sauvage, tel qu'on en voyait encore dans quelques Réserves haut clôturées, gentiment gardées, alimentées par les Enkrais les plus naturels, les plus purs du monde.

Eux toujours arrivant, toujours conseillant, toujours embellissant.

Alors une groupe d'hommes actifs, appelés pour cette raison actionnaires, construisit la Tour Métallique :

au premier étage, on planta des fleurs incassables

on éleva des pancartes à la hauteur du deuxième étage, où l'on interdisait un certain nombre d'actes jugés préjudiciables à la Libre Circulation des Marchandises : comme aimer aux fenêtres, vivre pendant la nuit, marcher sur le sol, même en terre battue ; les enfants qui montaient sur les chaises pour voir les arbres du rez-de-chaussée étaient confisqués : on obtenait ainsi, dès cet étage, un Calme Locatif, qui réjouissait, les soirs d'été, les nombreux co-propriétaires, venus là pour jouir de leur bien

Voltaire riait au cinquième, car l'air était déjà plus pur, l'éducation plus soignée, plus diapositive déjà

Le sixième étage était réservé à l'Entraînement Militaire, quand le temps ne permettait pas les grandes manœuvres en ville. C'était alors un grand cortège : à qui défilerait d'abord, à qui tirerait ensuite

Sur le palier clodo chantait le déserteur

Le Tourisme pour Tous (TT) faisait visiter le septième : on montrait toutes les Commodités, les Electricités, les Mécaniques vibrantes

on glissait sur les parquets vivifiés, on marchait sur les mochettes grises à poil long

enfin la fin de perrault

des visiteurs s'assirent fatigués ils se levèrent sur l'ordre d'un Gouverneur, qui amenait là des étrangers de toutes nationalités, bonnes ou mauvaises, qu'on employait au rez-de-chaussée à des tâches de bas étages. Les Arabes, leur bonnet de laine à la main, riaient au Guide, qu'ils ne comprenaient pas. Une petite fille vint embrasser Adam, avec ses cheveux rouges

Au huitième étage, les smicards de la ville passaient leurs vacances d'été à contempler des Affiches du Syndicat d'Initiative, qui opérait le ramassage : un système audio-visuel ingénieux renouvelait continuellement l'intérêt de ces gens.

Au dixième commençait le règne du Sacré : on rassemblait là toutes les figures indiscutables qui avaient marqué l'humanité de leur sceau
On y rencontrait aussi quelques dieux, d'avant ou d'après le déluge, jadis sanguinaires, ne sachant aujourd'hui que faire de leur Autorité. Ils avaient été contactés par une agence de Publicité, qui leur avait proposé de

faire de la figuration pour les Détergents. De source bien informée, on croyait pouvoir affirmer qu'ils finiraient par accepter (voir *Le Monde* du 8 janvier)

Au vingtième, les Machines Electrochiques assuraient le pouvoir : elles commandaient l'amour et la guerre, faisaient naître des campagnes, raser des villes, régnaient sur l'espace d'en haut

A partir du trentième, on racontait des choses invérifiables, car l'ascenseur s'arrêtait là. Là commençait l'espace des images gratuites et obsédantes. Par là l'Immeuble touchait au ciel.

Les extraterrestres entraient et sortaient par les fenêtres (les portes de notre enfance ?) Les rois de cartes et les dames du tiercé se livraient, à la nuit tombante, à des expériences hiérotiques, dans des draps plus légers que l'air. Il y avait là l'étage de Suzanne, l'étage d'Œdipe et des filles de Loth, l'étage d'Onan et de Nathanaël, l'étage d'Emmanuelle et de Barbarella. On y préparait des sagas femelles, des odyssées xexuelles, des genèses sex-spaces, des kamasoutras telquelistes

Ainsi les hommes croissaient en cages et en pauvresses devant Dieu et devant la Télé.

(Extrait de *Adam et Eve,*
recueil inédit)

MAURICE TOESCA

La planète Trimard

La terre étant devenue impraticable, le nôtre [1] expédia le milliard de molécules qui représentaient Jules Jullien-Julleville et Maximilien Bigue-Biguet, vers une planète vieille comme le monde où grouillait une humanité répartie sur un plateau rectangulaire divisé en carrés de couleurs différentes, jaunes, rouges, noirs, blancs, roses, etc. On l'appelait Trimard. La peau et les poils de ses habitants correspondaient aux teintes du sol, et, tout naturellement, les barrières entre les carrés étaient marquées par des piquets immenses au sommet desquels flottaient des oriflammes de la même couleur.

Trimard ne ressemblait pas du tout à la Terre : d'abord, ce n'était pas une boule, mais un simple plateau qu'aucun mouvement ne faisait tourner. Son originalité venait de ce que les habitants du dessus marchaient

1. L'ordinateur.

sur les pieds et que ceux du dessous étaient suspendus par les mains ; leurs paumes collaient littéralement à la surface à peu près comme il arrive aux mouches quand elles se promènent au plafond d'une chambre. Toute leur existence s'organisait selon des lois conçues exprès pour cette gymnastique. Cela vaudrait la peine qu'un chercheur du Conseil Universel des Etudes Scientifiques voulût bien étudier ces mécanismes extra-terrestres...

Dans ce pays, les personnes qui cessaient de vivre demeuraient immobiles jusqu'à ce qu'elles fussent réduites par le temps à leur squelette. Ce n'était pas disgracieux dans le paysage : il y avait dans les carrés qui, je l'ai dit, se présentaient sous des couleurs différentes, un espace réservé aux défunts, et cela formait une sorte de bosquet. Les habitants de Trimard se tenaient ensemble à la manière des arbres. Ils mettaient longtemps à tomber en poussière. Curieusement, les bois ainsi formés prenaient des teintes rousses, avant de devenir tout blancs. Les visages seuls gardaient leur teint d'origine.

(Extrait du roman inédit
Ailleurs et autrement)

ROLAND DUBILLARD

Sous terre...

Sous cette terre ce qui fait du bruit
C'est une fleur qui ne veut pas sortir
Pour sortir il faut faire la queue
Car ça s'opère par un unique trou de souris

Il y en a une qui ne veut pas
Et c'est pour elle que je monte à cheval
Avec ma distraction pour lance

Si elle ne veut pas sortir moi j'entrerai
Les dragons sont moins terribles que les yeux de mon cheval
Bien qu'ils fassent plus de bruit pour couvrir le bruit que j'ai dit

Bientôt le monde apprendra
Ce qu'un homme et une fleur ont à voir ensemble.

(*Je dirai que je suis tombé*,
Gallimard, 1966)

DIDIER ELIOT

Le bossu

Savez-vous ce que c'est ?
C'est un chat qui gratte
Par-dessous la peau
Un chat qui gratte
Et tourne en rond dans le dos
Et ronronne quand il fait chaud

(*Histoires d'i*,
éd. Saint-Germain-des-Prés, 1973)

CHRISTIAN POSLANIEC

Et l'ascenseur ?

Et l'ascenseur tapi tout au fond de sa cage, il ne vous fait pas peur ? A couver ses névroses, à cirer ses phantasmes, pour s'envoyer en l'air avec n'importe qui !

(*Inédit*)

SERGE BAUDOT

Soir d'automne

Elle me dit : « C'est le train qui nous emporte comme deux fous. »

Ce n'était que bruit du vent dans la cheminée. Mais tout de suite un étrange sourire tendre effleura mon visage.

Je la voyais se pencher à la fenêtre du wagon, et tomber ! juste au moment où passait l'express en sens inverse.

Les particules de son corps pulvérisé avaient instantanément maculé les deux trains.

A la sortie de la gare du cœur, mais en étions-nous sortis, elle eut subitement peur du vent.

J'appelai un taxi. Et tout de suite un étrange sourire tendre effleura mon visage.

Je la voyais se pencher à la fenêtre de la voiture juste au moment où passait l'autobus en sens inverse.

Les particules de sa tête pulvérisée avaient instantanément maculé les deux véhicules.

A la descente du taxi, elle se sentit mieux. Nous nous dirigeâmes vers l'ascenseur. Et tout de suite un étrange sourire tendre effleura mon visage.

Je la voyais se pencher au passage de la porte de l'étage.

Les particules de son corps broyé avaient instantanément bloqué l'ascenseur.

Elle me dit : « C'est étrange, cette façon de ne pas avancer », tandis que j'ouvrais la porte de l'appartement.

Ce n'était qu'une halte banale. Mais tout de suite un étrange sourire tendre effleura mon visage.

Je la voyais se pencher à la fenêtre du salon, et tomber ! juste au moment où j'allais la prendre dans mes bras.

Les particules de son corps martyrisé gisaient sur le trottoir.

A l'arrivée de l'ambulance, elle se blottit très fort tout contre moi.

Elle me dit : « J'aimerais que le train nous emporte comme le bruit du vent dans la cheminée. »

(*Inédit*)

MARIN SORESCU

Lancement

Aujourd'hui un voile de nuage,
Demain le mât d'un sillage,
Je fis seul mon bateau.

Fini, je le pris sur mon dos
En quête d'un plan d'eau
A son étiage.

J'allai ainsi jusqu'à ce qu'une mouette
Comme un magnum
A sa proue
Se brisât.

Puis j'entrai dans la mer
Jusqu'aux chevilles, jusqu'à la taille ;
Sa nostalgie des flots
Pesait toujours plus lourd.

Quand enfin je sombrai,
Tout d'un coup le bateau
Se mit à voguer seul.

Oh, même si je m'enfonce
A chaque pas,
Je le porte encore,
Marchant muet, au fond de l'eau,
Les bras levés
Au-dessus de ma tête.

(*Céramique,* traduit du roumain,
coédition Saint-Germain-des-Prés/UNESCO,
collection d'œuvres représentatives, 1984)

PIERRE DAC
et LOUIS ROGNONI

Le dresseur de cheveux sauvages

Les voici devant Khrismani Belladonhallabad, le plus célèbre dresseur de cheveux sauvages de toute l'Inde mystérieuse.

— Comment qu'il les dresse ? Au lasso ? demanda l'adjudant.

— Pas de question oiseuse, Tifrisse, laissez-vous guider et vous verrez bien !

Le belluaire capillaire se tenait debout devant un homme assis sur ses fesses d'une part et de l'autre sur un escabeau de fabrication allemande, en provenance de Munich. Le célèbre escabeau de Bavière. La foule des spectateurs était haletante mais maternellement car en Inde mystérieuse l'halètement maternel est de rigueur.

Le belluaire capillaire soudain poussa un grand cri. Il tenait à la main un peigne de dressage, souple, en cuir fauve du Bélouchistan et à dents déchiquetées du massif de l'Himalaya, sur monture en cuivre précieux du Penjab. A ce cri, les cheveux de l'homme assis se dressèrent comme un seul homme. Puis se rejetèrent en arrière pour s'aplatir et se redresser à nouveau. C'était beau comme l'Arctique et la foule haletait de plus en plus. Les cheveux à présent s'accroupissaient en faisant le gros dos sur le crâne de l'homme assis. Face à la foule toujours haletante, le belluaire réclama le silence, il l'obtint :

— Mesdames, mesdemoiselles, messieurs, mon général, ma sœur, vous allez avoir à présent l'honneur et l'avantage d'assister, par votre présence, à ce que je peux appeler le clou à tête plate de ce spectacle unique dans tout le cœur de l'Inde mystérieuse ! J'ai nommé le sensationnel, le divin, le sublime numéro de haute école du cheveu unique. Barramahal ! Barramahal !

Répondant à son nom, un cheveu rampait et s'avançait tout seul sur le front de l'homme à l'escabeau, cependant que l'on entendait claquer le peigne de dressage ! Spectacle inoubliable, à moins d'être distrait ou franchement amnésique. Barramahal se lovait tout doucement sur lui-même, prenait son élan, se tenait droit et immobile pour dépasser tous les autres d'une bonne vingtaine de centimètres ! Les autres cheveux, respectueusement, par paquets de six, venaient se ranger de chaque côté de la tête de l'homme à l'escabeau de Bavière.

— Viens, Barramahal ! Viens, viens, mon petit ! Viens ! Viens !

Et le cheveu s'inclinait pour venir lécher les mains de son dompteur.

(*Psychose de plus en plus*,
Le Cherche-Midi éditeur, 1984)

DIDIER ELIOT

Métaphysique et soustraction

L'homme
devant le grand tableau noir de la nature
L'œil innocent
l'index perplexe dans une bouche largement circonflexe
L'homme
dis-je, le visage impliqué dans un grand vent de craie
Pose
« Je pose Dieu...
(l'homme tire la langue)
Je pose Dieu
Et...
Et... »

Et il retint tout !
Alors
    Le monde s'effondra
    L'homme s'évanouit
    Et il ne resta plus dans l'herbe calcinée
    que l'ocre d'un sourire

(*Histoires d'i,*
éd. Saint-Germain-des-Prés, 1973)

IX

LE RIRE NOIR

« Nous aurons beau faire, nous ne nous moquerons jamais autant de la vie qu'elle se moque de nous. »

XAVIER FORNERET
(*Sans titre*)

« Humour noir. Humour destructif s'appliquant au sujet, contrairement au comique purement objectif et sans pouvoir, l'adjectif *noir* ajoutant non pas une couleur, mais une autodestruction. »

TRISTAN MAYA

JEAN-CLAUDE VALIN

A force de médire de lui-même à travers le tabac blond des yeux qu'il aimait, à travers le tabac gris des larmes qu'il ne pouvait s'offrir, c'est son doigt qu'il fumait, depuis longtemps déjà, rêveuse cigarette, d'une marque ancienne disparue, pas encore goûtée si pleinement qu'il pût reconnaître son corps, avec son goût de cendre, à l'instant de finir.

(*La Mort née*,
Poitiers, Oracl édition, 1984)

PAUL THIERRIN

Je vois mes deux dents noires dans une glace atrocement blanche. Ma jambe droite erre le long d'un cheneau pourri, l'autre danse dans un bar. Oh ! les derniers accords faits, cette jambe en smoking, seule au milieu de la salle de bal. Ma main gauche, cependant, dans de tout autres horizons, cueille l'orange. Dans l'août brûlant, une jeune femme cruelle et impudente fait le trottoir, tenant mon nez en laisse. Sur la neige, regardez ma langue définitivement figée. Voyez mes yeux répandus dans l'aube froide, mes cheveux, perruque pour juges, mon sexe rongé par les rats, mon crâne shooté, et tout le reste, la carcasse, le honteux, déposés en fanfare ricanante dans le panthéon des sots.

(*Sexo-cardio-psycho-encéphalogrammes*,
Bienne, Editions du Panorama, 1974)

PIERRE PERRET

« Entrepreneur de pompes funèbres : l'art d'accommoder les restes. »

(*Les Pensées*,
Le Cherche-Midi éditeur, 1979)

ANDRE COULON

je suis un automate
je suis une tomate
et mes parents éberlués
m'ont jeté
à la face du monde artiste
et chevelu
et qui faisait sa bombe
puis je suis devenu grand
et ma foi par hasard, je suis devenu parent
car le hagard de la vie nous échappait encore
un jour quand je fus mort
il y eut tant de tomates
à toutes les sauces
à toutes les choses
qu'on fit appel à l'automate
pour remettre un peu d'ordre
un seul mot d'ordre :
tuez, donc je suis.
et quand ce fut vraiment trop tard
on respecta enfin la vie

(*S'il vous plaie*,
Grenoble, H.C., 1974)

IGOR SZALEWA

Conseils

1 - A tous ceux qui veulent écrire :
Se munir, tout d'abord, d'une vieille lame de rasoir, rouillée si

possible, et d'un tout petit bouchon de liège ou de plastique, peu importe. Ensuite, s'ouvrir d'un geste brusque les veines du poignet, puis secouer ce dernier au-dessus d'un feuillet, préparé au préalable par vos soins. Quand vous jugez le texte achevé, bouchez la veine avec le bouchon, pansez ensuite votre poignet pour éviter que les mouches ne viennent se poser sur la plaie. Enfin, laissez sécher la feuille.

Le texte ainsi obtenu devrait mobiliser l'intérêt de tous.

2 - A tous ceux qui veulent mourir :

Se munir d'un couteau de cuisine mal aiguisé. Se rendre dans la forêt la plus proche pour y abattre un chêne massif avec le couteau. Une fois l'arbre abattu, taillez dans son tronc une croix, de taille raisonnable, toujours avec le couteau. Creusez un trou dans un champ quelconque avec vos ongles et vos dents (pour couper les racines) pour y planter votre croix. Se munir de clous et d'un marteau, s'enfoncer le couteau dans le flanc en prenant garde de ne pas léser d'organes vitaux. Se hisser sur la croix. Commencer à se planter, à l'aide du marteau, les clous dans les pieds et les mains. Débrouillez-vous pour la main tenant le marteau, puis attendez jusqu'à ce que mort s'ensuive.

3 - A tous ceux qui veulent devenir beaux, forts, intelligents, etc. :

Impossible ! La technologie humaine n'étant pas assez perfectionnée, il ne vous reste plus qu'à vous reporter au paragraphe ci-dessus (si, bien entendu, vous jugez cela nécessaire).

4 - A tous ceux qui veulent devenir dictateurs :

Se munir d'une bonne dose d'inconscience et de folie, et d'une petite moustache. Se la coller sur la fesse droite. Ordonnez qu'on vous appelle : führer, duce, caesar. Il faut nécessairement être de petite taille, avoir une mèche folle sur le front, une main dans son gilet, une couronne de laurier sur la tête. Ensuite il ne vous reste plus qu'à vous livrer de vous-même à la psychanalyse avant que l'on vienne vous chercher.

5 - A tous ceux qui veulent chanter :

Se munir d'un couteau, d'une aiguille et de fil, d'un sac de graines pour oiseaux (varier le choix des graines en fonction de l'espèce désirée), d'un filet. Ensuite repérer un oiseau, l'appâter avec les graines. Lâcher le filet sur le volatile, qui ainsi sera immobilisé le temps de vous trancher la gorge. Saisir délicatement l'oiseau sous les ailes. Lui cracher dans le bec votre salive mêlée du sang de votre blessure pour qu'il s'imprègne de votre personnalité. L'introduire dans votre gorge béante. Recoudre rapidement la plaie avec l'aiguille et le fil. Attendre que les ailes de l'oiseau soient engluées dans votre sang pour qu'il ne puisse plus voler et qu'il se consacre essentiellement au chant.

6 - A tous ceux qui veulent vivre :
Il ne suffit que d'inspirer et d'expirer l'air qui nous entoure — C'est pourtant simple, bon sang ! Même moi, j'ai compris le mode d'emploi, et il était rédigé en japonais. Alors pourquoi, bon sang de bonsoir, y'a tant de gens qui crèvent et qui ne savent même pas pourquoi ! Hein ?

(*Inédit*)

XAVIER FORNERET

— Le suicide est le doute allant chercher le vrai.

— Quand le soleil est pâle, il regarde les tombes.

— La Folie, c'est la Mort avec des veines chaudes.

— Le cercueil est le salon des morts ; ils y reçoivent des vers.

— Au terme du voyage, un mourant doit dire à la vie : « Ce n'est que cela ? Si j'avais su ! »

(*Sans titre*)

ROGER PIERRE

— Maman ! Maman, regarde, dans l'eau, le requin qui s'approche... et là-bas, Papa qui ne sait pas nager...
— Ne t'inquiète pas, mon chéri, IL VA VITE APPRENDRE !

(*Les Pensées*,
Le Cherche-Midi éditeur, 1982)

ARMAND ISNARD

L'homme est assis sur la chaise électrique. La manette est abaissée mais le malheureux ne donne aucun signe d'électrocution. Manifestement, il y a une panne : le courant ne passe pas. On s'apprête à ordonner au pauvre type de rejoindre sa cellule pour un court sursis lorsqu'un gardien intervient :

— Non, non, détachez-le seulement cinq minutes, il est électricien de son métier, il va nous arranger ça !

(*Les Meilleures Blagues d'humour noir*)

En salle d'opération, le chirurgien dit à un interne :

— Je sais que c'est votre première opération, mon vieux, ça ne peut pas être parfait mais tout de même, quand vous ouvrez un malade, appuyez moins fort sur le bistouri, ça abîme la table...

(*Les Meilleures Blagues d'humour noir,*
Le Cherche-Midi éditeur, 1984)

CECILE RIBIERE

Un temps d'enfant,
mémoire de naître

La lune escarpée bâtit son cri de liane en liane.
Les gens sont beaux : il fait nuit.
Les enfants chantent petit papa merci.
La mère colle sa vie sur mon front de Dieu.
Les petits enfoncent leurs rires dans la trace de mes yeux.
Les gens sont beaux : femme, tu es faite pour donner.
La lune crie.
Son sang crève ma bouche.
Je suis née. Elle crie.
Les gens sont morts, mère.
Mère, ne pleure plus, ils étaient laids.
Mère, je suis mort-né.

(*Inédit*)

JEAN PEROL

De l'homme

Ils se sont couchés sur la dure
ils se sont couchés sur la femme

mais le sol était mou
et la femme était dure

mou de tripes et dure de cœur
la terre-femme la femme-terre

ils se sont enfoncés
ils se sont engloutis
ils ont numéroté leurs abattis

on compte maintenant
leurs os au fond du temps

pauvres petits enfants
crevant la dure histoire

et rien
rien ne s'entend
pas un seul pleur dans tout le noir

pauvres
pauvres petits enfants.

(*Inédit*)

JEAN-CLAUDE VALIN

Merle pour celui qui le dira

Celui qui le dira
Aura un œil de rat
Pour jouer aux billes

Celui qui le dira
Aura du ratafia
Pour eau de vie

Celui qui le dira
Sentira l'ail aïe aïe
Au paradis

Celui qui le dira
Se mordra le didi
Et le zaza

Celui qui le dira
Ne pourra plus redire
Ce juron-là

Des charretées d'aiguilles
Lui coudront la langue à
Ses fonds de poches

C'est un juron en guise
De ce qu'on ne dit pas
Et que l'on siffle

Celui qui le dira
Aura un merle noir
Sur son mensonge

Celui qui se taira
Aura un merle blanc
Sur son silence.

**(*La Mort née*,
Poitiers, Oracl éditions, 1984)**

EDMOND DUNE

Surtout pas de concessions, même pas à perpétuité.

**(*A l'enseigne de Momus*,
Paris, RTL Editions, 1984)**

**Cette édition
est un « tiré à part »
des numéraux spéciaux de
la revue**

Poésie 1

**LA POESIE FRANÇAISE D'HUMOUR
13 (août 1970)**

**LA NOUVELLE POESIE COMIQUE
22 (février 1972)**

**RIONS AVEC LES POETES
118-121 (juillet-décembre 1984)**

Malgré nos recherches, il se peut que nous n'ayons pu identifier tous les ayants-droit des poèmes cités. Dans ce cas nous leur demandons de s'adresser à nous afin de nous permettre de combler des lacunes dont nous les prions de bien vouloir nous excuser.

INDEX

ACHEVÉ D'IMPRIMER
SUR LES PRESSES
DE L'IMPRIMERIE S.E.G.
33, RUE BÉRANGER
CHATILLON-SOUS-BAGNEUX

Imprimé en France
Dépôt légal : avril 1986
Numéro d'éditeur : 85
Numéro d'impression : 3344
ISBN 2-86174-085-3

VERTIGES CHARNELS